2023〜2024年版

どこでもできる
通関士
選択式徹底対策

片山立志 著

日本能率協会マネジメントセンター

本書の内容に関するお問い合わせについて

　平素は日本能率協会マネジメントセンターの書籍をご利用いただき、ありがとうございます。

　弊社では、皆様からのお問い合わせへ適切に対応させていただくため、以下①～④のようにご案内いたしております。

---

①お問い合わせ前のご案内について

　現在刊行している書籍において、すでに判明している追加・訂正情報を、弊社の下記Webサイトでご案内しておりますのでご確認ください。

　https://www.jmam.co.jp/pub/additional/

②ご質問いただく方法について

　①をご覧いただきましても解決しなかった場合には、お手数ですが弊社Webサイトの「お問い合わせフォーム」をご利用ください。ご利用の際はメールアドレスが必要となります。

　https://www.jmam.co.jp/inquiry/form.php

　なお、インターネットをご利用ではない場合は、郵便にて下記の宛先までお問い合わせください。電話、FAXでのご質問はお受けいたしておりません。

〈住所〉〒103-6009 東京都中央区日本橋 2-7-1 東京日本橋タワー 9F
〈宛先〉㈱日本能率協会マネジメントセンター 出版事業本部 出版部

③回答について

　回答は、ご質問いただいた方法によってご返事申し上げます。ご質問の内容によっては弊社での検証や、さらに外部へ問い合わせることがございますので、その場合にはお時間をいただきます。

④ご質問の内容について

　おそれいりますが、本書の内容に無関係あるいは内容を超えた事柄、お尋ねの際に記述箇所を特定されないもの、読者固有の環境に起因する問題などのご質問にはお答えできません。資格・検定そのものや試験制度等に関する情報は、各運営団体へお問い合わせください。

　また、著者・出版社のいずれも、本書のご利用に対して何らかの保証をするものではなく、本書をお使いの結果について責任を負いかねます。予めご了承ください。

●法令改正等の情報は、マウンハーフ通関士絶対合格通信講座 HP（https://tsukanshi.mhjcom.jp）にてご覧いただけます。同ページ右上のお役立ちコンテンツ内「法令改正情報」をクリックしてください。

まえがき

　この３年間、新型コロナウイルスが猛威を振るい、我々の生活に大きな影響を及ぼした。不要不急の外出の自粛、マスク着用、ワクチン接種、リモート勤務や授業などが行われ、我々にとって苦しい時期であった。そして国家試験も実施が懸念される状態だったが、幸い通関士試験は、財務省・税関の方々の綿密な準備と安全な試験会場の確保、感染防止策を徹底した会場運営のおかげで、無事に予定どおり実施された。

　2023年に入り、コロナ禍の不安定な生活からようやく解放されようとしている。まさに過渡期である。欧米では、すでにマスクの規制もなく、"脱コロナ"が定着している。これから受験生となる方は不安から解放され、通関士試験に挑戦できる環境が整ってくるだろう。恐れるものが一つなくなるというのはよいことだ。それだけ、試験対策に集中できるからである。

　ところで、通関士試験は関税や通関手続の試験であり、その範囲となるのは関税法や関税定率法などをはじめとした法律、政令、省令さらには通達など多岐にわたる。このように範囲はとてつもなく広く、それだけに受験生の方々は途方に暮れてしまうだろう。

　しかし本書を手にした方は、その範囲が明確にわかる。通関士試験では毎年、類似する範囲から出題されることが多い。本書は過去問を分析し、将来の出題（通関実務以外）を予想し、受験生の方々にとって効率的な学習ができるようにまとめたものである。

　また、論点がより具体的に理解できるように各項目のポイントを図解した。これらは、私が講義中の板書をアレンジしたものである。この図を見て各項目の全体像を把握し、要点を整理していただきたい。あとは、読み、書き、自分に説明をすることの反復練習で力がついてくる。語群選択式問題はもちろんのこと、択一式・複数選択式問題を解くうえで必要な知識も養えるだろう。

　読者の皆様がこの本を手にしたときから、合格の道は開けてくると確信しています。

2023年1月吉日

福岡・中洲川端にて

片山　立志

目　次

特集 本書を利用して合格力がつく理由

第1章 関税法

1. 定義	23
2. 関税の徴収及び還付	27
3. 輸出入申告の手続①	31
4. 輸出入申告の手続②	35
5. 輸入申告の特例	39
6. 輸出申告の特例	43
7. 輸出入申告に際しての提出書類①	47
8. 輸出入申告に際しての提出書類②	51
9. 納期限	55
10. 輸出してはならない貨物	59
11. 輸入してはならない貨物	63
12. 他法令の証明または確認と輸出入許可との関係	67
13. 保税地域（種類・機能等）	71
14. 保税蔵置場①	75
15. 保税蔵置場②（課税物件確定の時期と適用法令の日）	79
16. 特定保税承認制度	83
17. 保税運送①	87
18. 保税運送②	91
19. 特定保税運送制度	95
20. 関税の納税義務	99

21. 関税の確定方式① （申告納税方式）		103
22. 関税の確定方式② （賦課課税方式）		107
23. 特例申告		111
24. 認定製造者制度		115
25. 認定通関業者制度		119
26. 延滞税①		123
27. 延滞税②		127
28. 過少申告加算税		131
29. 無申告加算税		135
30. 修正申告①		139
31. 修正申告②		143
32. 更正の請求①		147
33. 更正の請求②		151
34. 輸入許可前貨物の引取り		155
35. 納期限の延長①		159
36. 納期限の延長②		163
37. 不服申立て①		167
38. 不服申立て②		171
39. 行政刑罰及び両罰規定		175
40. 事前照会 （教示制度）		179

第2章 関税定率法 関税暫定措置法 外国為替及び外国貿易法等

1. 課税価格の決定の原則①		185
2. 課税価格の決定の原則②		189

3. 課税価格の決定（その他）①	193
4. 課税価格の決定（その他）②	197
5. 相殺関税	201
6. 不当廉売関税	205
7. 緊急関税	209
8. 加工または修繕のため輸出された貨物の減税	213
9. 再輸入免税	217
10. 再輸出免税	221
11. 輸入時と同一状態で再輸出される場合の戻し税	225
12. 違約品等の再輸出または廃棄の場合の戻し税	229
13. 変質・損傷等の場合の減税・戻し税①	233
14. 変質・損傷等の場合の減税・戻し税②	237
15. 特恵関税制度①	241
16. 特恵関税制度②	245
17. 特恵関税制度③	249
18. 特恵関税制度④	253
19. 特恵関税制度⑤	257
20. 外国為替及び外国貿易法①	261
21. 外国為替及び外国貿易法②	265
22. 関税率表の解釈に関する通則①	269
23. 関税率表の解釈に関する通則②	273

第3章 通関業法

1. 通関業務	279
2. 通関業の許可	283

3. 欠格事由	287
4. 営業所の新設	291
5. 通関業の許可の承継	295
6. 通関業の許可の消滅	299
7. 通関業の許可の取消し	303
8. 財務大臣の権限の委任	307
9. 通関士の資格の得喪①	311
10. 通関士の資格の得喪②	315
11. 通関士の設置	319
12. 通関士による通関書類の審査制度	323
13. 通関業者・通関士の業務上の義務①	327
14. 通関業者・通関士の業務上の義務②	331
15. 更正に関する意見の聴取・検査の通知	335
16. 通関業者に対する監督処分	339
17. 通関士に対する懲戒処分	343

付録　通関士試験語群選択式問題［令和 4 年（第 56 回）］	347
資料　過去の通関士試験の出題傾向	369

本書問題文の表現について

本書掲載の問題文には、法律内容の理解をより深めて頂くために、法律条文と必ずしも一致しない表現で記述している個所があります。あらかじめご了承ください。

---

1. 本書の構成

① **重要度**

　特Ａ…基本的理解としての重要性や本試験への出題可能性
　　　　が、ともに非常に高い超重要問題。

　Ａ……特Ａの問題ほど重要度は高くないが、近年の改正点
　　　　であるなど軽視することはできない重要問題。

　B･C…最近出題され今年出題される可能性が低い問題、その
　　　　他基本的理解としての重要性は低いと思われる問題。

② **問題**

　本書で取り上げた問題は、過去問をベースに作成し、過
去出題された分野のほとんどをカバーしています。また、
近年の通関士試験の動向を見据え、改正点を中心に今後出
題が予想される新作問題も取り上げています。したがって、
本書で取り上げる問題をマスターすれば、語群選択式対策
は万全と言えるでしょう。

③ **解答の指針**

　解答の指針は、問題と解答だけといった単純な問題集形
式を避け、あたたかみのある生きた問題集とするため、"注
意すべき点"、"制度の大まかな概要"等、受験生が勉強す
る上で何らかの指針になるような事項を収めた、いわば予
備校講師の解説のミニチュア版のようなものです。

④ **図解**

　図解も解答の指針と同様、生きた問題集にするために設
けたもので、予備校での講師の板書に相当するものです。
これにより、問題に関する事項をビジュアル的に整理して
理解できることと思います。

⑤ **空欄穴埋め問題・空欄の答え**

　問題は、重要なところを空欄にした穴埋め形式となって
います。答えは、めくった次ページにあります。

2. 本書の基本的利用法

①重要度を見る

　問題に取りかかる前に、その問題の重要度に注目してください。そこで特A、Aであれば重点的に取り組む必要があるでしょう。しかし、B、Cであるからといって手を抜いていいわけではありません。最低でも目を通すぐらいはやっておく必要はあるでしょう。

②問題をよく読む

　まずは問題が何を聞いているのかよく読んでください。もし、その問題の出題分野が勉強したことのない分野である場合、自分のもっている基本書等で該当分野の予習をしてください。

③解答の指針を読んで空欄穴埋め問題へ

　解答の指針を読んで出題分野の概要、注意する点等をつかみ、これを踏まえて空欄穴埋め問題に取りかかってください。

④図解を活用する

　図解の利用は、さまざまです。空欄穴埋め問題に入る前の知識の再確認や全体像の把握に利用する、空欄穴埋め問題に取り組む際のポイント把握に利用する、空欄穴埋め問題をひととおり解いた後の軽い復習や理解の定着のために利用する等が、その例です。

⑤空欄穴埋め問題を理解し暗記する

　空欄穴埋め問題では、初めは穴埋めにとらわれず、空欄の答えを参照しながら全体の理解、構成の把握、そしてポイント把握に努めてください。次に暗記に取りかかるわけですが、まず、空欄の答えを見ずにすらすら言えるようになるまで練習してください。後は、空欄の周りから徐々に肉付けする感じでひたすら書いて覚えるだけです。この際、今どこを暗記しようとしているのか常に全体を把握しながら覚えるよう心がけましょう。また、一日で全部覚えようとせず、日々の復習を心がけ「復習によって覚える」ぐらいの気持ちで挑むことも大切です。

3. 本書の戦略的利用法

①空欄に答えを書き込み全体構成を把握しやすくする

　本書の問題は空欄形式になっています。それゆえ、全体が把握しにくいという受験生の方もいるかと思います。そういう場合には、空欄に答えを書き込んでしまうことをお勧めします。この時、赤いペンを使えば、赤い透明シートを使い、答えを消すことができます。書き込むことに抵抗を感じる方は、コピーを取る、別の紙に書き出す等すればよいでしょう。また、答えを書き込んだ場合、自分でポイントをマーキングできる等、新たな活用法も生まれます。

②常に携帯する

　本書の特徴の1つとしてコンパクトであるということがあげられます。そこで常に本書を携帯し、休み時間、仕事の合間、通勤時間等、時間ができたときに復習等に利用できるようにしておくとよいでしょう。もっと手軽に用いたいという方は、切り抜く、コピーを取る等して必要な所だけ携帯するとよいでしょう。この場合、一日の暗記ノルマを自分に課し、ノルマの分だけもち歩くのも1つの方法です。

③手を中心に頭、目、耳で覚える

　何回も繰り返し書いて覚えるのは暗記の基本です。必ず実践しましょう。しかし、この方法は鉛筆と紙そして時間がかかるため、上の②で述べたような暇なときを見計らって覚えるような場合には適しません。そのようなときは、問題文を頭の中で何回も暗唱したり、図解を見てイメージしながら覚えるとよいでしょう。また、レコーダーに暗記事項を吹き込み何回も繰り返し聞くのも効果的です。

④余白を利用する

　本書は、いたるところに余白が多く設けてあります。この部分を、関連事項についてまとめてみる、自分なりにポイントをまとめる等して積極的に利用し、本書を自分オリジナルの本に仕上げていけば、学習効果がぐんと増すでしょう。

特 集

・・・・・・・・・・・・・・・・・・・・・・・・

本書を利用して
合格力がつく理由

●語群選択式問題対策のポイント

【令和4年度本試験（第56回）の試験科目、出題形式、問題数】

☞表A　科目別出題形式一覧

試　験　科　目	出　題　形　式		
	択一式	選択式 （※1）	計算式
（1）通関業法	10問	10問	なし
（2）関税法、関税定率法その他関税に関する法律及び外国為替及び外国貿易法	15問	15問	
（3）通関書類の作成要領その他通関手続の実務	5問	2問（※2）	
		5問	5問

注：表Aの（※1）、（※2）は、表Bの（※1）、（※2）に対応します。

☞表B　出題形式内容説明

出題形式		内　容
択一式		5肢の中から「正しいもの」又は「誤っているもの」を1つ選択することとするが、5肢の中に該当するものがない場合は、「0」をマークする形式
選択式 （※1）	語群選択式	文章の空欄に当てはまる最も適切な語句を選択肢から選んで解答する形式
	複数選択式	5肢の中から「正しいもの」若しくは「誤っているもの」を複数選択する形式
計算式		課税価格や関税額及び附帯税等を計算し、マークする形式
計算式 ＋選択式 （※2）		NACCSによる申告を前提とし、輸出申告書については、適当な統計品目番号を選択肢の中から選択し、輸入申告書については、適当な統計品目番号を選択肢の中から選択するとともに、課税価格をマークする形式

【本書の考え方】

「語群選択式問題」は、例年、①通関業法で5問、②関税法等で5問が出題されます。

問題はあらかじめ与えられている語群から適切な語句を選択する形式で、複数選択式や択一式の過去の問題から出題されることも多いです。また、法改正分野からの出題例もあります。

いずれにせよ合格するためには、この「語群選択式問題」で確実に得点することが必要最低条件といえます。

◎「語群選択式問題」はなぜ重要か

以下の配点比率は令和4年度本試験のものです。

出 題 形 式	1問当たりの配点
択一式	1点
複数選択式	2点
計算式	2点
語群選択式	5点（注）

（注：1問当たり空欄が5箇所設定されており、空欄1箇所につき1点×5箇所で計5点となります。）

語群選択式問題の配点は、他の出題形式の2.5～5倍に相当することに注目して下さい。

たとえば、択一式問題で、難しい問題をいくら時間をかけて解答したとしても、1問当たりわずか1点しか獲得できません。しかも、難しい問題は極端に正答率が落ちるため、そこで失う1点はそれほど合否に影響しません。ところが、語群選択式問題では文章中の空欄にあてはめるべき適切な語句を1つ選ぶだけで1点を獲得することができるのです。

これは、受験者にとってはラッキーなことでもありますが、その反面、万が一語群選択式問題において、ごく基礎的な出

題がされたにもかかわらず得点を逃したり、ケアレスミスをしてしまった場合には、誰もが獲得できる貴重な1点を逃すことになり、結果的に合否に重大な影響をもたらす要因になります。本試験における昨今の難化傾向および配点構成を考えると、語群選択式問題で失った1点を他の出題形式にて取り戻し、挽回を図ることは容易ではありません。

そこで、本書では語群選択式問題の重要性に鑑み、語群選択式問題用のテーマにのみ集中し、過去の出題データ及び最新の法令改正点を踏まえて洗練された問題の数々を余すことなく収載し、出題可能性のあるテーマをより深く解説することにしました。

なお、本書は「まえがき」でも示したように、語群選択式問題のみではなく、択一式・複数選択式問題にも対応できる有効な1冊となっています。つまり、択一式・複数選択式問題用の参考書としても活用できるのです。そして、択一式・複数選択式問題を解く前のウォーミングアップとして、本書を利用することをお勧めします。本書は決して難しい応用問題で構成されているわけではなく、過去問、基本条文を基に構成されているからです。

◎本書を利用して合格力がつく理由

語群選択式問題の語群を「抜き」にした学習が、合格力をつけるために効果的な理由は次のとおりです。

【注意1】：あらかじめ設けられている語群選択肢に頼って解答を導く学習方法に慣れてしまうと、あやふやな学習しかしていない受験者を落すために作られる語群の中の「罠となる選択肢」に、簡単にひっかかってしまう可能性が大なのです。また、条文を理解する学習を行うことにより、応用問題への対応力もつきます。

【注意2】：あらかじめ語群選択肢が設けられている場合、一度問題を解くと、大体の感覚で正答となる選択肢の在り処を覚えてしまい、せっかくの学習が効果的に進まないこともあるのです。

【注意3】：本試験では、1問当たりに空欄5箇所が設定されます。本書で一つひとつのテーマをより深く理解することにより、問題対応力が養われます。

　このような理由から受験者の方に語群選択式問題を確実な得点源としていただくため、本書では、あらかじめ与えられているはずの語群選択肢を「抜き」にした空欄記述式問題に形を変えて取り扱っています。

　学習しはじめは多少大変だと感じるかもしれませんが、本書を何度も反復学習してください。知らず知らずのうちに本書に慣れ親しんでくるでしょう。結果的に語群選択式問題はもとより、複数選択式、択一式にも立ち向かえる真の合格力がついてきます。

【参考1　語群選択式問題の例①】

　次の記述は、通関業務及び関連業務に関するものであるが、（　　）に入れるべき最も適切な語句を下の選択肢から選び、その番号をマークしなさい。

1. 通関業務とは、他人の依頼によって、関税法に基づき税関官署に対してする輸出又は輸入の申告等の手続又は行為につき、その依頼をした者の（　イ　）をすることをいい、通関業とは、（　ロ　）通関業務を行うことをいう。
2. （　ハ　）は、通関業務のほか、その関連業務として（　ハ　）の名称を用いて、他人の依頼に応じ、通関業務に（　ニ　）、その他当該業務に関連する業務を行うことができる。ただし、（　ホ　）においてその業務を行うことが制限されている事項については、この限りでない。

① 関税関係法令	② 関税法	③ 業として
④ 先行し、後続し	⑤ 代行	⑥ 代理
⑦ 代理又は代行	⑧ 他の法律	⑨ 通関業者
⑩ 通関士	⑪ 通関士その他の通関業務の従業者	
⑫ 反復継続して	⑬ 付随し	⑭ 附帯し
⑮ 有償において		

（第54回試験通関業法より）

☞ 解答：イ―⑦、ロ―③、ハ―⑨、ニ―④、ホ―⑧

【参考2　語群選択式問題の例②】

次の記述は、保税地域に関するものであるが、（　　）に入れるべき最も適切な語句を下の選択肢から選び、その番号をマークしなさい。

1. 関税法第34条の2の規定により、保税地域（保税工場及び保税展示場を除く。）において貨物を管理する者は、その管理する外国貨物（信書を除く。）又は輸出しようとする貨物（信書を除く。）についての（　イ　）なければならないこととされている。

2. 指定保税地域においては、外国貨物又は輸出しようとする貨物につき、（　ロ　）、簡単な加工その他これらに類する行為で（　ハ　）を行うことができる。

3. 保税蔵置場に外国貨物を入れる者は、当該貨物をその入れた日から（　ニ　）（やむを得ない理由により必要があると認めるときは、申請により、税関長が指定する期間）を超えて当該保税蔵置場に置こうとする場合には、その超えることとなる日前に税関長に申請し、その承認を受けなければならない。

4. 保税蔵置場にある外国貨物（輸出の許可を受けた貨物を除く。）が亡失し、又は滅却されたときは、（　ホ　）から、直ちにその関税を徴収する。

① 1 月	② 3 月	③ 6 月
④ 改装	⑤ 税関職員の検査を受け	⑥ 税関長に届け出たもの
⑦ 税関長の確認を受けたもの		⑧ 税関長の許可を受けたもの
⑨ 帳簿を設け		⑩ 当該外国貨物の所有者
⑪ 当該外国貨物を置くことの承認を受けた者		
⑫ 当該保税蔵置場の許可を受けた者	⑬ 法令遵守規則を定め	
⑭ 保税作業	⑮ 見本の展示	

（第55回試験関税法より）

☞ 解答：イー⑨、ロー⑮、ハー⑧、ニー②、ホー⑫

【参考3　複数選択式問題の例】

　次の記述は、保税運送及び内国貨物の運送に関するものであるが、その記述の正しいものはどれか。すべて選び、その番号をマークしなさい。

1. 特定保税運送者が特定保税運送を行う場合であっても、保税運送の承認を受けなければ外国貨物のまま運送することはできない。
2. 外国貨物である難破貨物は、保税運送の承認を受けることなく、その所在する場所から開港、税関空港、保税地域又は税関官署に外国貨物のまま運送することができることとされており、この「難破貨物」とは、遭難その他の事故により船舶又は航空機から離脱した貨物をいう。
3. 外国貨物の移動が同一開港又は同一税関空港の中で行われる場合には、保税運送の承認を受けることなく外国貨物のまま運送することができる。
4. 保税運送の承認を受けて保税地域相互間を外国貨物のまま運送する場合における輸送手段については、海路又は空路に限ることとされている。
5. 内国貨物を外国貿易船に積んで本邦内の場所相互間を運送しようとする者は、税関長に申告してその承認を受けなければならないこととされており、当該承認を受けた貨物が運送先に到着したときは、その承認を受けた者は、当該承認を証する書類を、直ちに到着地の税関に提出しなければならない。

（第54回試験関税法より）

☞ 解答：2、3、5

【参考4　択一式問題の例】

　次の記述は、関税法第73条に規定する輸入の許可前における貨物の引取りに関するものであるが、その記述の正しいものはどれか。一つを選び、その番号をマークしなさい。なお、正しい記述がない場合には、「0」をマークしなさい。

1. 関税関係法令以外の法令の規定により輸入に関して承認を必要とする貨物を輸入しようとする場合において、当該承認を受けることにつき日時を要するときは、当該承認を受けた後直ちにその旨を税関に証明することを条件として、当該貨物について輸入の許可前における貨物の引取りの承認を受けることができる。
2. 輸入の許可前における貨物の引取りの承認を受けた場合には、その輸入の許可を受けるまでは、その承認を受けた貨物の納税申告に係る課税標準又は納付すべき税額について修正申告をすることはできない。
3. 特例輸入者は、輸入の許可前における貨物の引取りの承認を受けようとする場合において、関税額に相当する担保を提供することを要しない。
4. 輸入者に課税標準の確定に日時を要する事情があり、輸入の許可前における貨物の引取りの承認を受けて貨物が引き取られた場合には、その輸入の許可後に当該貨物の納税申告に係る納付すべき税額を増加させる更正があったときであっても、当該更正により納付すべき税額に過少申告加算税が課されることはない。
5. 外国貨物を輸入申告の後輸入の許可前に引き取ろうとする者は、当該貨物の課税価格に相当する額の担保を提供して税関長の承認を受けなければならない。

（第53回試験関税法より）

☞ 解答：0
☞ 注意：択一式には、ゼロ解答の問題も出題されている。

第 1 章

関税法

問題1
　関税法2条に掲げる用語の定義について説明せよ。

☞解答の指針
　まずは、用語の定義について、正確に理解して覚える必要
がある。
　特に、「輸入」「輸出」「内国貨物」「外国貨物」の定義
は基本事項で、頻出のテーマである。

☞輸出と輸入の仕組み

i 輸入

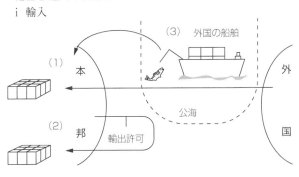

ii 輸出

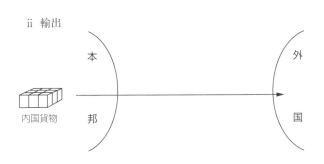

注）「輸入」とは、「外国貨物を本邦に引き取ること」と言い換えることができる。

注）"公海で採捕された水産物"には、本邦の排他的経済水域及び外国の排他的経済水域で採捕された水産物も含まれる。

☞空欄穴埋め問題1

(1) 「輸入」：（①）した貨物（（②）を含む。）又は（③）を受けた貨物を本邦に引き取ること

(2) 「輸出」：（④）こと

(3) 「外国貨物」：（③）を受けた貨物及び（①）した貨物（（②）を含む。）で（⑤）される前のもの

(4) 「内国貨物」：（⑥）にある貨物で（⑦）でないもの及び（⑧）

(5) 「附帯税」：関税のうち（⑨）

(6) 「（⑩）」：本邦と外国との間を往来する船舶以外の船舶

(7) 「（⑪）」とは、貨物の輸出及び輸入並びに外国貿易船の入港及び出港その他の事情を勘案して政令で定める港

(8) 「（⑫）」とは、貨物の輸出及び輸入並びに外国貿易機の入港及び出港その他の事情を勘案して政令で定める空港

(9) 「（⑬）」とは、港、空港その他これらに代わり使用される場所で、（⑭）以外のもの

※　本邦の船舶が外国の排他的水域の海域で採捕した水産物は、（⑮）貨物であり、外国に向けて送り出す場合には、（⑯）を受けなければならない。

　　輸入許可前貨物の引取承認を受けた貨物は、原則として（⑮）貨物とみなされる。

[空欄の答えは次ページにあります]

☞前ページ空欄の答え

①外国から本邦に到着

②外国の船舶により公海で採捕された水産物

③輸出の許可

④内国貨物を外国に向けて送り出す

⑤輸入が許可

⑥本邦

⑦外国貨物

⑧本邦の船舶により公海で採捕された水産物

⑨延滞税、過少申告加算税、無申告加算税及び重加算税

⑩沿海通航船

⑪開港

⑫税関空港

⑬不開港

⑭開港及び税関空港

⑮内国

⑯税関長の輸出許可

《参照条文》

関税法2条1項、2項、73条3項

関税法施行令1条3項

問題2
1. 関税の徴収権について説明せよ。
2. 関税の還付請求権について説明せよ。

☞解答の指針

　関税の徴収権は、納税義務者に対して国がもつ権利（関税納税請求権）である。また関税の還付請求権は、納税義務者が国に対してもつ権利である。これらは、国や納税義務者のもつ「債権」であるが、一定期間、行使しないと時効によってその権利は消滅する。

　しかし、時効により権利が消滅する前に一定の行為を権利者が行った場合、時効は更新され、新たに時効が進行する。

　また、一定の事由が生じたとき時効の完成の猶予がされる。さらに、偽りその他不正の行為により税額を免れた場合等には、時効の不進行の規定が適用される。時効の不進行と時効の更新は、異なることに注意したい。

　ここでは、関税の徴収権及び還付請求権の時効の更新、時効の完成猶予、時効の不進行に関するテーマを学習する。

☞関税法と国税通則法と民法のつながり

> ・関税の徴収権の消滅時効
> ・関税の還付請求権の時効

↓

国税通則法72条2項(国税の徴収権の消滅時効)の規定を準用

> ≪国税通則法72条2項≫
> 国税の徴収権の時効については、その<u>援用を要せず</u>、また、その<u>利益を放棄</u>することができないものとする。

　時効の援用とは、債務者が時効の利益を受けることの意思表示を行うことである。つまり、債務者は、自分の債務について時効が完成したので支払わない（＝支払う必要がなくなったという利益を受ける。）ということを債権者に主張すること。民法では、援用（この主張）により時効の効力が発生すると規定されている。
　時効の利益の放棄とは、債務者が時効完成による利益（時効が完成したので支払う必要がない。）を放棄することを意味する。

☞時効の更新と時効の不進行
　時効の更新は、たとえば「納税の告知」等によりすでに進行している時効期間の効力を消滅させるものである。これに対し、時効の不進行は、すでに進行している時効期間を一定期間停止させるだけのものである。

☞空欄穴埋め問題2

1. 関税の徴収権

イ　関税の徴収権は、原則として、その関税の法定納期限等から（①）行使しないことによって、（②）により消滅する。

ロ　関税の徴収権の時効については、その（③）を要せず、また、その（④）を放棄することができない。

ハ　関税の徴収権で、偽りその他不正の行為によりその全部又は一部の税額を免れた関税に係るものの時効は、原則として、当該関税の法定納期限等から（⑤）は、進行しない。（時効の不進行）

ニ　時効の進行中、一定の事由が生じた場合、これまで進行してきた時効期間が消滅し、新たにその時効が進行することを（⑥）という。（時効の更新）

ホ　一定の事由が生じた場合で、生じた時から一定の期間、時効の完成が猶予される。たとえば、更正又は決定があった場合、更正又は決定により（⑦）までの期間、時効の完成は猶予され、（⑧）ときに時効は更新される。（時効の完成猶予）

ヘ　関税の徴収権の時効については、関税法14条の2（徴収権の消滅時効）に別段の定めがあるものを除き、（⑨）の規定を準用する。

2. 関税の還付請求権

イ　関税の過誤納又は関税に関する法律の規定による関税の払戻し若しくは還付に係る国に対する請求権は、その請求をすることができる日から（⑩）行使しないことによって、時効により消滅する。

ロ　関税の還付請求権の時効については、上記1（関税の徴収権）のロ、ヘの規定を準用する。

[空欄の答えは次ページにあります]

☞前ページ空欄の答え

　①５年間
　②時効
　③援用
　④利益
　⑤２年間
　⑥時効の更新
　⑦納付すべき関税の納期限
　⑧納期限を経過した
　⑨民法
　⑩５年間

《参照条文》
1　関税の徴収権
　イ．関税法14条の２第１項
　ロ．同条２項において準用する国税通則法72条２項（消滅時効の絶対的効力）
　ハ．同条２項において準用する国税通則法73条３項（不正の行為に係る時効の不進行）
　ニ．及びホ．同条２項において準用する国税通則法73条１項（時効の完成猶予及び更新）
　ヘ．同条３項（時効に係る民法の規定の準用）

2　関税の還付請求権の時効
　関税法14条の３

問題3
　輸出申告及び輸入申告の手続につき、その原則について
説明せよ。

☞解答の指針

　ポイントは、AEO業者（問題5・P39、問題6・P43参照）
は別として、輸入申告の場合は保税地域搬入原則があるが、
輸出申告の場合は保税地域搬入原則がないということである。

　まずは、AEO業者の場合以外の輸出入申告の手続を学習
しよう。

☞輸出入申告の原則

《輸出の場合（AEO以外）の輸出通関》

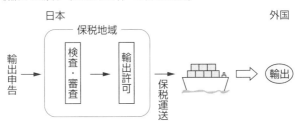

《輸入の場合（AEO以外）の輸入通関》

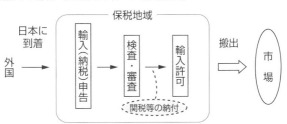

☞空欄穴埋め問題3

1. 輸出申告又は輸入申告は、輸出又は輸入の許可を受けるためにその申告に係る貨物を入れる（①）の所在地を所轄する税関長に対してしなければならない。

2. 外国貿易船（はしけ等を含む。）に積み込んだ状態で輸出申告又は輸入申告をすることが必要な貨物を輸出し、又は輸入しようとする者は、関税法67条の2第1項（輸出申告又は輸入申告の手続）の規定にかかわらず、関税法施行令で定めるところにより税関長の（②）を受けて、当該外国貿易船の（③）を所轄する税関長に対して輸出申告又は輸入申告をすることができる。

3. 輸入申告は、その申告に係る貨物を（①）に入れた後にするものとする。ただし、以下のいずれかに該当する場合は、この限りでない。

   イ 上記2の規定による（②）を受けた場合
   ロ 当該貨物を（①）に入れないで申告をすることにつき、関税法施行令で定めるところにより、税関長の（②）を受けた場合
   ハ 当該貨物につき、特例輸入者又は（④）が（⑤）を使用して輸入申告を行う場合

4. 上記3のいずれかに該当する場合における輸入申告は、当該貨物に係る関税法15条1項若しくは9項（入港手続）の規定による（⑥）に関する事項が税関に報告され、又は同条2項若しくは10項若しくは18条4項（入出港の簡易手続）の規定による（⑥）に関する事項を記載した書面が税関に提出された後にするものとする。

[空欄の答えは次ページにあります]

☞前ページ空欄の答え
　①保税地域等
　②承認
　③係留場所
　④特例委託輸入者
　⑤電子情報処理組織
　⑥積荷

《参照条文》
関税法67条の2
関税法施行令59条の6

問題4

下記の場合について説明せよ。

1. 貨物を外国貿易船等に積み込んだ状態で輸出申告
又は輸入申告をすることにつき、税関長の承認を
受けることができる場合

2. 保税地域等に入れないで輸入申告をすることにつ
き、税関長の承認を受けることができる場合

☞解答の指針

設問1については、「本船扱い」と「ふ中扱い」に関する
問題である。

設問2については、「到着即時輸入許可扱い」に関する問
題である。この扱いに関しては、電子情報処理組織を利用す
ることが要件になっている。

☞輸入（納税）申告の時期（AEOの場合を除く。）

（原則）　保税地域等に搬入後

（例外）　保税地域等に搬入することなく輸入（納税）申告を
　　　　　行うことができる扱い

①本船扱い	外国貿易船に積まれた状態で輸入（納税）申告から輸入許可までの手続を受けることのできる扱い
②ふ中扱い	はしけに積んだ状態で輸入（納税）申告から輸入許可までの手続を行うことのできる扱い
③到着即時輸入許可扱い	貨物の到着前に電子情報処理組織を使用して輸入（納税）申告を行い、貨物が本邦に到着すると同時に輸入許可を受けることのできる扱い
④搬入前申告扱い	保税地域等に搬入する前に輸入（納税）申告を行い、その後、保税地域等に搬入し、税関長の検査を受け、輸入許可を受ける扱い

注）いずれもあらかじめ税関長の承認が必要。

☞空欄穴埋め問題 4

1. 貨物を外国貿易船等に積み込んだ状態で輸出入申告をすることにつき、税関長の承認を受けることができる場合

イ　輸出入申告に係る貨物を他の貨物と（①）することなく外国貿易船に積み込んだ状態で関税法67条（輸出又は輸入の許可）の（②）及び（③）を受けようとする場合（当該貨物の（④）の状況が同条の（②）を行うのに支障がなく、かつ、輸出入の（③）を受けるために当該貨物を保税地域等に入れることが（⑤）と認められる場合に限る。次のロにおいて同じ。）

ロ　輸出入申告に係る貨物の外国貿易船に対する（⑥）の際、当該貨物を他の貨物と（①）することなく（⑦）に積み込み、その状態で関税法67条の（②）及び（③）を受けようとする場合

　上記1の承認を受けようとする者は、原則として、その承認を受けようとする貨物について貨物の記号、番号、品名及び数量等の必要事項を記載した申請書を当該貨物の（⑧）をする税関長に提出しなければならない。

2. 保税地域等に入れないで輸入申告をすることにつき税関長の承認を受けることができる場合

イ　輸入申告を（⑨）を使用して行う場合（当該輸入申告に係る輸入貨物が本邦に（⑩）に引き取られる必要があり、かつ、当該輸入貨物の性質その他の事情を勘案して（⑪）と認められる場合に限る。）

ロ　上記イのほか、貨物を保税地域等に入れる前に輸入申告をすることにつき（⑫）があると認められる場合

　上記2の承認を受けようとする者は、原則として、その承認を受けようとする貨物について貨物の記号、番号、品名及び数量等の必要事項を記載した申請書を当該貨物の（⑬）をする税関長に提出しなければならない。

[空欄の答えは次ページにあります]

☞前ページ空欄の答え

　①混載

　②検査

　③許可

　④性質、形状及び積付け

　⑤不適当

　⑥積卸し

　⑦はしけ等

　⑧輸出申告又は輸入申告

　⑨電子情報処理組織

　⑩迅速

　⑪取締り上支障がない

　⑫やむを得ない事情

　⑬輸入申告

《参照条文》

関税法67条の2第2項、3項

関税法施行令59条の5、59条の6

問題 5
1. 輸入申告の特例について説明せよ。
2. 関税法67条（輸出又は輸入の許可）に規定する検査の権限について説明せよ。

☞解答の指針

輸出入申告を行う税関は、原則として保税地域を所轄する税関長に対してであるが、AEO である輸出入者及び通関業者などの場合は、いずれの税関長（全国どこの税関）に対しても行うことができる。これを「輸出入申告官署の自由化」という。

なお、AEO（Authorized Economic Operator）とは、貨物のセキュリティ管理と法令遵守体制の整備等が認められ、税関手続の緩和・簡素化が可能な事業者をさす。

☞輸出入申告官署の自由化

《輸入申告の特例》

パターン	本社 （輸入者）		委託先 通関業者		輸入申告の 特例
A	AEO （特例輸入者）	⇒	AEO （認定通関業者）	⇒	○
B	AEO （特例輸入者）	⇒	一般	⇒	○
C	一般 （特例委託輸入者）	⇒	AEO （認定通関業者）	⇒	○
D	一般	⇒	一般	⇒	× （蔵置官署※へ申告）

《申告官署の自由化によるメリット》
・輸出入者の近隣に所在する通関業者からそれぞれの貨物の非蔵置官署への申告が可能となれば、通関業者を集約することが可能となり、関係書類を特定の通関業者に送付すること等により事務の効率化及びコストの削減を図れる。
・それぞれの輸出入地に所在する通関業者から蔵置官署※以外の官署（非蔵置官署）への申告が可能となれば、申告官署を集約することが可能となり、何か問題が生じた場合であっても、輸出入者は特定の税関官署への対応で足り、事務の効率化及びコストの削減を図れる。

※　蔵置官署とは、申告に係る貨物を入れる保税地域等の所在地を所轄する税関官署のこと。

☞空欄穴埋め問題5

1. 輸入申告の特例

　　（①）は、関税法67条の2第1項又は2項（輸出申告又は輸入申告の手続）の規定にかかわらず、（②）の税関長に対して輸入申告をすることができる。

　　ただし、日本国と（③）との間の相互防衛援助協定6条1aに規定する輸入される資材、需品又は装備については、この特例は適用しない。

　　なお、この特例による輸入申告は、（④）を使用して行わなければならない。ただし、電気通信回線の故障その他の事由により（④）を使用して当該申告を行うことができない場合として（⑤）で定める場合は、この限りではない。

2. 関税法67条（輸出又は輸入の許可）に規定する検査の権限

　　税関長は、関税法67条（輸出又は輸入の許可）の規定による申告に係る貨物が他の税関長の所属する税関の管轄区域内にある場合において、当該貨物につき、同条の規定による検査を行う必要があると認めるときは、当該他の税関長に対し、当該検査に係る権限を（⑥）することができる。

[空欄の答えは次ページにあります]

☞前ページ空欄の答え
　①特例輸入者又は特例委託輸入者
　②いずれか
　③アメリカ合衆国
　④電子情報処理組織
　⑤財務省令
　⑥委任

《参照条文》
　関税法67条の19
　関税法68条の2
　関税法施行令59条の20、59条の21

問題6
　輸出申告の特例について説明せよ。

☞解答の指針

　AEO である「特定輸出者」「特定委託輸出者」「特定製造貨物輸出者」は、特定の貨物を除き、いずれかの税関長に対して輸出申告を行うことができる。

　また、この場合、保税地域に入れないで輸出申告から輸出許可までの手続を行うことができる。

☞AEO輸出者

制度	輸出申告者	輸出申告の特例
イ. 特定輸出申告制度	特定輸出者（※1）	いずれかの税関長に対して輸出申告をすることが可能。（NACCSを使用することが条件）
ロ. 特定委託輸出申告制度	特定委託輸出者（※2）	
ハ. 認定製造者制度	特定製造貨物輸出者（※3）	

※1 「特定輸出者」とは、セキュリティ管理とコンプライアンス体制が整備された者としてあらかじめいずれかの税関長の承認を受けた輸出者のこと。

※2 「特定委託輸出者」は、貨物の輸出に係る通関手続を認定通関業者に委託した者のことであるが、特定委託輸出者は、特定保税運送者に貨物の運送を委託しなければならないことから、(1)認定通関業者による通関手続と(2)特定保税運送者による貨物運送の双方により適正な貨物管理の確保がなされると考えられている。

※3 「特定製造貨物輸出者」とは、貨物のセキュリティ管理とコンプライアンス体制が整備された者として、あらかじめ税関長の認定を受けた製造者（認定製造者）が製造した貨物を取得した輸出者のこと。

> AEO輸出者は、貨物のセキュリティ管理と法令遵守の体制が整備された者として税関長の承認等を受け、税関とのパートナーシップが構築されている者であるため、申告官署を自由化し、特例的に貨物の流れに即さない非蔵置官署への申告を認めることとされた。

☞空欄穴埋め問題6

　次に掲げる者は、関税法67条の2第1項又は2項（輸出申告又は輸入申告の手続）の規定にかかわらず、関税法施行令で定めるところにより、（①）の税関長に対して輸出申告をすることができる。ただし、関税法施行令で定める特定の貨物^(注)については、この限りではない。

　イ　貨物を輸出しようとする者であってあらかじめいずれかの税関長の（②）を受けた者（「（③）」という。）

　ロ　貨物を輸出しようとする者であって当該貨物の輸出に係る通関手続を（④）に委託した者（「（⑤）」という。）

　ハ　（⑥）が製造した貨物を当該（⑥）から取得して輸出しようとする特定製造貨物輸出者

　この場合において、上記ロに掲げる者が（⑦）（（⑧）に入れないで輸出の許可を受けようとする貨物につき当該者が行う輸出申告をいう。）を行うときは、その申告に係る貨物が置かれている場所から当該貨物を外国貿易船等に積み込もうとする開港、税関空港又は（⑨）までの運送を（⑩）に委託しなければならない。

　なお、上記イ・ロ・ハの者が、（⑧）に入れないで輸出の許可を受けようとする貨物につき行う輸出申告は、（⑪）を使用して行わなければならない。ただし、電気通信回線の故障その他の事由により（⑪）を使用して当該申告を行うことができない場合として（⑫）で定める場合は、この限りではない。

（注）上記下線部の貨物は以下のものとされている。
ⅰ.輸出貿易管理令別表第（⑬）の1の項の中欄に掲げる貨物
ⅱ.輸出貿易管理令別表第（⑭）に掲げる国又は地域を仕向地として輸出される貨物であって、外国為替及び外国貿易法48条1項に規定する（⑮）又は同令2条1項に規定する（②）を必要とするもの
ⅲ.日本国と（⑯）との間の相互防衛援助協定6条1aに規定する輸出される資材、需品又は装備

[空欄の答えは次ページにあります]

☞前ページ空欄の答え

①いずれか

②承認

③特定輸出者

④認定通関業者

⑤特定委託輸出者

⑥認定製造者

⑦特定委託輸出申告

⑧保税地域等

⑨不開港

⑩特定保税運送者

⑪電子情報処理組織

⑫財務省令

⑬１　（別表１の１の項は「武器」）

⑭４　（別表４は「イラン、イラク、北朝鮮」）

⑮許可

⑯アメリカ合衆国

《参照条文》

関税法67条の３

関税法施行令59条の７第４項

関税法施行令59条の８

問題7
1. 輸出申告又は輸入申告に際しての提出書類について
説明せよ。
2. 関税法68条（輸出申告又は輸入申告に際しての提出
書類）に規定する「条約の特別の規定による便益」
に相当する便益を適用するために必要な書類につい
て説明せよ。

☞解答の指針

貿易円滑化（輸出入通関リードタイムの短縮化）を図る
ため、仕入書等の書類は、税関長が輸出入の許可の判断の
ために必要な場合等に提出を求めることができるものとさ
れている。

設問1については関税法68条、設問2については、関税
法施行令61条の内容が記述されている。最近の出題傾向と
してEPA／FTAの締約国から原産品を輸入する場合、そ
の原産性を証明する方法や証明する必要のない場合などを
問うものが増えている。

《関税法68条に規定する「条約の特別の規定による便益」を
適用するために必要な「証明書」》

	課税価格の総額が20万円以下の場合	原産地が明らかな場合
①原産地証明書	不要	不要
②締約国原産地証明書・締約国原産品申告書・認定輸出者による自己証明※	不要	不要
③運送要件証明書	不要	必要
④締約国品目証明書※	税関長の求めがあった場合のみ必要（施行令61条4項）	必要

注）なお、関税法68条カッコ書きに規定する「これに相当
する便益で政令で定めるもの」とは、関税定率法5条（便
益関税）の規定による便益をさす（関税法施行令60条）。

注意：設問では、「運送要件証明書」の内容についても、択一
式若しくは複数選択式で出題される可能性が高いた
め、関税法施行令61条を確認しておこう。

※ ②の認定輸出者による自己証明：締約国から認定を受け
た認定輸出者の場合、自ら原産地を証明することができ
るが、これを「認定輸出者による自己証明」という。

現在、スイス協定、ペルー協定、メキシコ協定、RCEP
協定（地域的な包括的経済連携協定）の場合に利用できる。
これまでの試験では、「認定輸出者による自己証明」に関
する出題はない。

④の締約国品目証明書：「締約国品目証明書」は、現在
ペルー協定及びモンゴル協定による特定の品目のみに必要
とされているものだが、通関士試験対策には、参考として
知っておく程度でよいだろう。

☞空欄穴埋め問題7

1. 輸出申告又は輸入申告に際しての提出書類

　税関長は、関税法67条（輸出又は輸入の許可）の規定による申告があった場合において輸出若しくは輸入の（①）のために必要があるとき、又は関税についての条約の特別の規定による（②）（これに相当する（②）で政令で定めるものを含む。）を適用する場合において（③）があるときは、（④）その他の申告の内容を確認するために必要な書類又は当該（②）を適用するために（③）な書類で政令で定めるものを提出させることができる。

2.「条約の特別の規定による便益」に相当する便益を適用するために必要な書類

(1)　関税法68条の便益（下記(2)の便益を除く。）を適用する場合

　当該貨物が当該便益の適用を受ける外国（その一部である地域を含む。）の生産物であることを証明した（⑤）

※ただし、課税価格の総額が（⑥）以下の貨物及び貨物の（⑦）等又は当該貨物に係る仕入書その他の書類によりその（⑧）が明らかな貨物に係るものを除く。

(2)　経済連携協定における関税についての特別の規定による便益を適用する場合

イ　「（⑨）証明書」：当該貨物が経済連携協定の規定に基づき当該経済連携協定の締約国の原産品とされるもの（「締約国原産品」という。）であることを証明した書類

※ただし、税関長が貨物の（⑩）によりその原産地が明らかであると認めた貨物（インドネシア協定又は（⑪）協定における関税についての特別の規定による便益の適用を受けるものを除く。）及び課税価格の総額が（⑥）以下の貨物に係るものを除く。

ロ　「（⑫）証明書」

※ただし、課税価格の総額が（⑥）以下の貨物に係るものを除く。

[空欄の答えは次ページにあります]

☞前ページ空欄の答え

①許可の判断
②便益
③必要
④契約書、仕入書
⑤原産地証明書
⑥20万円
⑦種類、商標
⑧原産地
⑨締約国原産地
⑩種類又は形状
⑪東南アジア諸国連合
⑫運送要件

《参照条文》
関税法68条
関税法施行令61条1項

問題8

関税法施行令61条で規定する以下の事項について説明せよ。

1. 原産地証明書の制約事項
2. 締約国原産地証明書の制約事項

☞解答の指針

問題7（P47）に続いて、関税法68条（輸出申告又は輸入申告に際しての提出書類）に規定する、「条約の特別の規定による便益」を適用するために必要な各種「証明書」のうち、WTO協定税率の適用を受ける場合の原産地証明書と締約国原産地証明書を比較した問題である。

《経済連携協定の原産性の証明方法》

（2023年1月1日現在発効しているEPA）

	原産地証明書（第三者機関の証明）	認定輸出者の自己証明	原産品申告書※等
RCEP	○	○	△ ただし、参加国の意向により選択的段階的に運用
TPP11 EU協定 日英協定	×	×	○ 生産者・輸出者・輸入者のいずれも作成できる
日米貿易協定	×	×	○ 輸入者が作成したもののみ
メキシコ協定 スイス協定 ペルー協定	○	○	×
オーストラリア協定	○	×	○
その他（シンガポール協定・ASEAN協定等）	○	×	×

※　「原産品申告書」とは、輸入者、輸出者又は生産者のいずれかが自ら作成した原産品の申告書で、税関長がその提出の必要がないと認める場合を除き、これとともに原産品を明らかにする書類（契約書、仕入書、価格表など）を提出する。

　ただし、日米貿易協定では、輸入者のみ作成可。

　　原産品申告書による方法は、オーストラリア協定、CPTPP（通称TPP11）、EU協定の場合に用いるが、CPTPPとEU協定については、原産品申告書による方法のみ用いることができる。

注意：「原産地証明書」は、WTO協定税率の適用を受ける場合のもので、関税暫定措置法で規定する特恵関税制度における「特恵関税原産地証明書」は別物である。

☞空欄穴埋め問題 8

1. 原産地証明書の制約事項（WTO 協定税率適用の場合）

　イ　原産地証明書は、関税法施行令61条１項１号の便益を
受けようとする貨物の（①）及び原産地を記載し、かつ、
当該貨物の原産地、仕入地、仕出地若しくは積出地にあ
る（②）若しくはこれに準ずる（③）又はこれらの地の
（④）その他の官公署若しくは（⑤）の証明したもので
なければならない。

　ロ　原産地証明書は、当該証明書に記載された貨物の（⑥）
の日（保税蔵置場又は総合保税地域に外国貨物を置くこ
との承認の申請書を提出する場合にあっては、その（⑦）
の日）においてその発行の日から（⑧）以上を経過した
ものであってはならない。ただし、（⑨）その他やむを
得ない理由によりその期間を経過したものであるとき
は、この限りでない。

2. 締約国原産地証明書の制約事項

　イ　締約国原産地証明書は、その証明に係る貨物の（⑥）
又は郵便物の輸入入の簡易手続の（⑩）その他郵便物に
係る税関の（⑪）の際に、提出しなければならない。た
だし、税関長が（⑨）その他やむを得ない理由があると
認める場合又は当該貨物につき（⑫）に規定する税関長
の承認を受ける場合には、その（⑬）期間内に提出しな
ければならない。

　ロ　締約国原産地証明書は、その証明に係る貨物の（⑥）
の日（保税蔵置場又は総合保税地域に外国貨物を置くこ
との承認の申請書を提出する場合にあっては、その（⑦）
の日。関税法76条に規定する郵便物にあっては、同条３
項の規定による（⑭）の日）において、その発給の日か
ら（⑧）以上を経過したものであってはならない。ただ
し、（⑨）その他やむを得ない理由によりその期間を経
過した場合においては、この限りでない。

[空欄の答えは次ページにあります]

☞前ページ空欄の答え
　①記号、番号、品名、数量
　②本邦の領事館
　③在外公館
　④税関
　⑤商業会議所
　⑥輸入申告
　⑦提出
　⑧1年
　⑨災害
　⑩検査
　⑪審査
　⑫輸入の許可前における貨物の引取り
　⑬申告又は審査後相当と認められる
　⑭提示

《参照条文》
関税法施行令61条2〜5項

問題 9
次に掲げる関税の納期限について説明せよ。

☞解答の指針

関税の納期限については、その出題形式を問わず、毎年出題される頻出テーマである。

様々なパターンについて納期限が存在し、覚えるのが大変なように感じてしまうが、ほとんどが共通した用語（たとえば「発せられた日の翌日」や「1月」等）を使用する形になることに注目しよう。

☞法定納期限と納期限の関係

①法定納期限の翌日が延滞税の計算の起算日となる。

②納期限は、関税を納付しなければならない具体的期限で、納期限を経過することにより督促・滞納処分が可能になる。（参考　滞納処分は、滞納者の財産を差押え、換価、関税に充当（配当）の一連の処分のことをいう。）

　試験対策としては、法定納期限と納期限の日を正確に覚えることである。

《法定納期限と納期限の例》

事　由	法定納期限	納期限
①原則	**輸入する日** （＝輸入許可の日）	**輸入する日** （＝輸入許可の日）
②特例申告により納付される関税	特例申告書の**提出期限** （輸入許可の日の属する月の翌月末日）	〈**期限内**特例申告の場合〉 特例申告書の**提出期限** （輸入許可の日の属する月の翌月末日） 〈**期限後**特例申告の場合〉 当該特例申告書を**提出した日**
③輸入許可前貨物の引取承認により引き取られた貨物につき納付すべき関税	７条の17の**納付通知書**若しくは、**更正通知書**又は９条の３の**納税告知書**が発せられた日	７条の17の**納付通知書**あるいは、**更正通知書**が発せられた日の**翌日**から起算して**１月**を経過する日
④一定の事実が生じた場合に直ちに徴収するものとされている関税	その**事実が生じた日**	納税告知書の**送達**に要すると**見込まれる期間**を経過した日
⑤輸入許可後にした修正申告に係る関税	その貨物を**輸入**する日 （＝輸入許可の日）	**修正申告**をした日

☞空欄穴埋め問題9

1．入国者の携帯品に係る関税　⇒　当該携帯品の（①）の日

2．賦課課税方式が適用される郵便物に係る関税　⇒　当該郵便物の（②）の日

3．特例輸入者が期限内特例申告書により納税申告をした場合の関税　⇒　当該期限内特例申告書の（③）（＝当該期限内特例申告書に係る貨物の（④）の属する月の（⑤））

4．特例輸入者が期限後特例申告書により納税申告をした場合の関税　⇒　当該期限後特例申告書を（⑥）日

5．税関長の承認を受けて輸入の許可前に引き取られた貨物に係る関税につき、当該貨物の輸入の許可前にされた更正に係る更正通知書に記載された納付すべき税額　⇒　当該更正通知書が（⑦）から起算して（⑧）を経過する日

6．輸入の許可後にした修正申告に係る書面に記載された納付すべき税額　⇒　当該（⑨）日

7．輸入の許可後にされた更正に係る更正通知書に記載された納付すべき税額　⇒　当該更正通知書が（⑦）から起算して（⑧）を経過する日

8．輸入の時までに納税申告がなかった貨物について発せられた決定通知書に記載された関税　⇒　当該決定通知書が（⑦）から起算して（⑧）を経過する日

9．過少申告加算税に係る賦課決定通知書に記載された金額の過少申告加算税　⇒　当該通知書が（⑦）から起算して（⑧）を経過する日と当該過少申告加算税の納付の起因となった関税に係る貨物の（④）とのいずれか（⑩）日

[空欄の答えは次ページにあります]

☞前ページ空欄の答え

① 輸入

② 交付（若しくは「受取り」）

③ 提出期限

④ 輸入の許可の日

⑤ 翌月の末日

⑥ 提出した

⑦ 発せられた日の翌日

⑧ 1 月

⑨ 修正申告をした

⑩ 遅い

《参照条文》

1　関税法 9 条の 3 第 1 項、2 項、同法施行令 7 条の 2 第 1 項 1 号

2　同法77条 3 項

3　同法 7 条の 2 第 2 項

4　同法 9 条 2 項 2 号

5　同法 9 条 2 項 3 号

6　同法 9 条 2 項 4 号

7　同法 9 条 2 項 5 号

8　同法 9 条 2 項 6 号

9　同法 9 条 3 項

10 輸出してはならない貨物　重要度 特A

問題10
1. 関税法69条の2に規定する輸出してはならない貨物
   に該当するものを挙げよ。
2. 輸出してはならない貨物に係る申立て手続等につい
   て説明せよ。

☞解答の指針

　「輸出してはならない貨物」においては特に、「輸出差止申
立て」の手続の流れが、選択式・択一式を問わず重要ポイン
トである。このことは、「輸入してはならない貨物」におけ
る「輸入差止申立て」にも当てはまる。

　「輸入してはならない貨物」に関する手続等と共通する点
が多いので、どちらか一方を覚え、その上で相違点に着目し
た学習を行うのがよいだろう。

☞輸出してはならない貨物

(1)	麻薬、向精神薬、あへん及びけしがら並びに覚醒剤
(2)	児童ポルノ
(3)	特許権、実用新案権、意匠権、商標権、著作権、著作隣接権又は育成者権を侵害する物品
(4)	不正競争防止法2条1項に掲げる以下の行為を組成する物品

     1号：周知されている商品等表示の混同惹起行為

     2号：著名な商品等表示の冒用行為

     3号：商品形態模倣行為

   10号：営業秘密不正使用行為（営業秘密のうち、技術上の情報を不正に使用する行為）により生じた物の提供行為

   17号：営業上の技術的制限手段を回避して影像の視聴等が可能となる装置等の提供行為

   18号：他人が特定の者以外の者にかけた営業上の技術的制限手段を回避して影像の視聴等が可能となる装置等の提供行為

輸出されようとする貨物	税関長の処分
上記(1)、(3)、(4)	税関長は、没収して廃棄することができる。（(3)、(4)は認定手続の後）
上記(2)	税関長は、当該貨物を輸出しようとする者に対し(2)に該当すると認めるのに相当の理由がある旨を通知しなければならない。

注）回路配置利用権の侵害物品は、「輸入してはならない貨物」に該当するが、「輸出してはならない貨物」には該当しない。

☞空欄穴埋め問題10

1. 輸出してはならない貨物に該当するもの

(1) （①）、向精神薬、あへん及びけしがら並びに覚醒剤

(2) （②）

(3) 特許権、実用新案権、意匠権、（③）、著作権、著作隣接権又は（④）を侵害する物品

(4) （⑤）2条1項1〜3、10、17、18号に掲げる行為を組成する物品

2. 輸出してはならない貨物に係る申立て手続等

特許権者等は、自己の特許権、実用新案権、意匠権、（③）、著作権、著作隣接権若しくは（④）又は（⑥）を侵害すると認める貨物に関し、いずれかの（⑦）に対し、その侵害の事実を（⑧）するために必要な（⑨）を提出し、当該貨物が輸出されようとする場合は当該貨物について（⑩）を執るべきことを申し立てることができる。

この場合において、不正競争差止請求権者は、以下のことを（⑪）に求め、それらの内容が記載された書面を（⑫）に提出しなければならない。

イ）当該貨物が上記1の(4)に掲げる貨物（<u>不正競争防止法2条1項10号に係るものを除く。</u>）である場合にあっては同法2条1項1号に規定する（⑬）であって当該不正競争差止請求権者に係るものが需要者の間に広く（⑭）されているものであること等についての（⑮）

ロ）当該貨物が上記1の(4)に掲げる貨物（<u>不正競争防止法2条1項10号に係るものに限る。</u>）である場合にあっては当該貨物が同法2条1項10号に規定する（⑯）により生じた物であること及び当該貨物を輸出するおそれのある者が当該貨物を譲り受けた時に当該貨物が当該（⑯）により生じた物であることを知らず、かつ、知らないことにつき（⑰）がない者でないことについての認定

[空欄の答えは次ページにあります]

☞前ページ空欄の答え

　①麻薬

　②児童ポルノ

　③商標権

　④育成者権

　⑤不正競争防止法

　⑥営業上の利益

　⑦税関長

　⑧疎明

　⑨証拠

　⑩認定手続

　⑪経済産業大臣

　⑫申立先税関長

　⑬商品等表示

　⑭認識

　⑮意見

　⑯不正使用行為

　⑰重大な過失

　　《参照条文》
　　関税法69条の２、69条の４

11 輸入してはならない貨物　重要度 特A

問題11

　輸入してはならない貨物に係る以下の手続について説明
せよ。

　1. 認定手続
　2. 不正競争防止法2条1項10号に掲げる行為を組成す
　　る貨物に該当するか否かについての認定手続が執ら
　　れた場合の意見を聴くことの求め

☞解答の指針

　「輸入してはならない貨物」に規定する物品の種類は、「輸
出してはならない貨物」と比べて多い。

　しかし、「輸入してはならない貨物」に関する諸手続等の
規定については、「輸出してはならない貨物」とほぼ同じで
ある。

　したがって、ここでは問題10（P59）で出題した論点と同
様の論点（「輸入してはならない貨物に係る申立て手続等（関
税法69条の13）」）は割愛する。

　このように「輸出してはならない貨物」に関する手続等と
共通する点が多いので、どちらか一方を覚え、その上で相違
点に着目した学習を行うのが効果的である。

☞輸入してはならない貨物

---

(1) 麻薬、向精神薬、あへん及びけしがら、覚醒剤並びにあへん吸煙具

(2) 医薬品、医療機器等の品質、有効性及び安全性の確保等に関する法律に規定する指定薬物

(3) 拳銃、小銃、機関銃及び砲並びに銃砲弾、拳銃部品

(4) 爆発物

(5) 火薬類

(6) 化学兵器の禁止及び特定物質の規制等に関する法律に規定する特定物質

(7) 感染症の予防及び感染症の患者に対する医療に関する法律に規定する病原体等

(8) 貨幣、紙幣、若しくは銀行券、印紙若しくは郵便切手又は有価証券の偽造品、変造品及び模造品並びに不正に作られた代金若しくは料金の支払用又は預貯金の引出用のカード

(9) 公安又は風俗を害すべき書籍、図画、彫刻物等

(10) 児童ポルノ

(11) 特許権、実用新案権、意匠権、商標権、著作権、著作隣接権、回路配置利用権又は育成者権を侵害する物品

(12) 外国から日本国内にある者に宛てて発送した貨物のうち外国にある者が外国から日本国内に他人をして持ち込ませた意匠権又は商標権を侵害する物品

(13) 不正競争防止法2条1項1～3、10、17、18号に掲げる行為を組成する物品（詳細はP60を参照）

☞空欄穴埋め問題11

1. 輸入してはならない貨物に係る認定手続

税関長は、輸入されようとする貨物のうちに、次に掲げる物品に該当する貨物があると思料するときは、（①）を執らなければならない。

(1) 特許権、実用新案権、意匠権、商標権、著作権、（②）、（③）又は育成者権を侵害する物品

(2) 外国から（④）に宛てて発送した貨物のうち（⑤）が外国から日本国内に（⑥）をして持ち込ませた意匠権又は商標権を侵害する物品

(3) （⑦）2条1項1～3、10、17、18号に掲げる行為を組成する物品

この場合において、税関長は、当該貨物に係る特許権者等及び（⑧）に対し、当該貨物について（①）を執る旨並びに当該貨物が前述の物品に該当するか否かについてこれらの者が（⑨）を提出し、及び（⑩）を述べることができる旨その他の事項について（⑪）しなければならない。

2. 輸入してはならない貨物に係る意見を聴くことの求め

不正競争防止法2条1項10号に掲げる行為（不正使用行為により生じた物の提供行為）を組成する貨物に該当するか否かについての認定手続が執られたときは、不正競争差止請求権者又はその輸入者は、関税法69条の12第1項（輸入してはならない貨物に係る認定手続）の規定による通知を受けた日から起算して（⑫）を経過する日までの期間（税関長が当該期間を延長することを必要と認めて通知したときは、通知日から起算して（⑬）を経過する日までの期間）内は、当該認定手続が執られている間に限り、（⑭）に対し、当該認定手続に係る貨物が同号に掲げる行為を組成する貨物に該当するか否かについて（⑮）の意見を聴くことを求めることができる。

[空欄の答えは次ページにあります]

☞前ページ空欄の答え
　①認定手続
　②著作隣接権
　③回路配置利用権
　④日本国内にある者
　⑤外国にある者
　⑥他人
　⑦不正競争防止法
　⑧当該貨物を輸入しようとする者
　⑨証拠
　⑩意見
　⑪通知
　⑫10日
　⑬20日
　⑭税関長
　⑮経済産業大臣

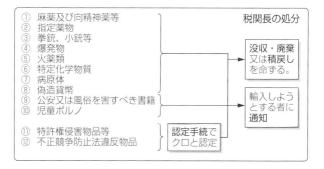

《参照条文》
関税法69条の12第1項、69条の17第1項

問題12
　他法令の証明又は確認と、輸出又は輸入の申告及び許可
との関係について説明せよ。

☞解答の指針
　「他法令の証明又は確認と、輸出又は輸入の申告及び許可
との関係」と聞かれると、何やら難しく感じるかもしれない
が、要は次の3点を押さえておけばよい。
　(1) 「他法令の規定により輸出・輸入に関して許可、承認
　　等を必要とする場合」
　　⇒　当該許可、承認等を受けている旨を「いつ」税関に
　　　証明するのか?
　(2) 「他法令の規定により輸出・輸入に関して検査、条件
　　の具備を必要とする場合」
　　⇒　当該検査の完了、条件の具備を「いつ」税関に証明
　　　し、確認を受けるのか?
　(3) 上記(1)、(2)が達成されなかった場合、輸出・輸入の許
　　可にどのように影響するのか?

☞他法令の証明又は確認と輸出入許可との関係の仕組み

証明・確認が 必要な場合	具体的手続	輸出入の許可 との関係
許可、承認その他 の行政機関の処分 等を他法令で要求 される場合	(1)　許可・承認等 を受けている旨 を、**輸出入申告の 際**に税関に証明	(1)(2)の証明、確認 がないと輸出入は 許可されない。
検査、条件の具備 を他法令で要求さ れる場合	(2)　検査の完了、 条件の具備を、 **検査・審査の際** に税関に証明し、 確認を受ける。	

◎参考　このほかに、輸入が許可されない場合として、下記
　　　　のケースも押さえておこう。

【原産地を偽った表示等がされている貨物の輸入（関税法71条）】

1. 原産地について直接若しくは間接に偽った表示又は
　（①）を生じさせる表示がされている外国貨物について
　は、輸入を許可しない。
2. 税関長は、上記1の外国貨物については、その原産地
　について偽った表示又は（①）を生じさせる表示がある旨
　を輸入申告をした者に、直ちに（②）し、（③）を指定して、
　その者の（④）により、その表示を消させ、若しくは（⑤）
　させ、又は当該貨物を積みもどさせなければならない。

◎空欄の答え：①誤認　②通知　③期間　④選択　⑤訂正

【関税等の納付がされない場合（関税法72条）】

関税を納付すべき外国貨物については、（①）が輸入される場
合又は関税を納付すべき期限が（②）される場合を除き、関税
（（③）を除く。）が納付された後でなければ、輸入を許可しない。

◎空欄の答え：①特例申告貨物　②延長
　　　　　　　③過少申告加算税及び一部の重加算税

☞空欄穴埋め問題12

　他法令の規定により輸出又は輸入に関して（①）、（②）その
他の行政機関の処分又はこれに準ずるもの（以下「許可、承
認等」という。）を必要とする貨物については、（③）又は（④）
の際、当該許可、承認等を受けている旨を税関に（⑤）しなけ
ればならない。

　また、他法令の規定により輸出又は輸入に関して（⑥）又は
（⑦）を必要とする貨物については、税関の貨物の（⑧）そ
の他輸出申告又は輸入申告に係る税関の（⑨）の際、当該法令
の規定による（⑩）又は（⑪）を税関に（⑤）し、その（⑫）
を受けなければならない。

　これらの証明がされず、また、確認が受けられない貨物に
ついては、輸出又は輸入は（①）されない。

　　　　　　　　　[空欄の答えは次ページにあります]

☞前ページ空欄の答え
　①許可
　②承認
　③輸出申告
　④輸入申告
　⑤証明
　⑥検査
　⑦条件の具備
　⑧検査
　⑨審査
　⑩検査の完了
　⑪条件の具備
　⑫確認

《参照条文》
関税法70条

問題13

　5つの保税地域について、その成立の態様及び外国貨物を置くことができる期間について簡単に説明せよ。

☞解答の指針

　成立の態様は、指定保税地域とその他の保税地域（4種）との相違点、つまり、指定保税地域は財務大臣の指定により成立し、その他の保税地域は税関長の許可により成立することを理解しよう。

☞保税地域の蔵置期間の起算日に注意しよう。

i 保税蔵置場

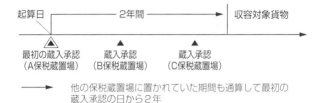

━━━━━▶ 他の保税蔵置場に置かれていた期間も通算して最初の
蔵入承認の日から2年

ii 保税工場・総合保税地域

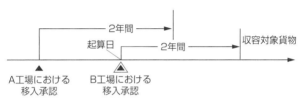

━━━━━▶ 他の保税工場に移入されていた期間は通算されず、現在、
移入されている保税工場への移入承認の日から2年

この例の場合、B工場における移入承認の日から2年間、貨物を置くこと
ができる。

☞空欄穴埋め問題13

1. 成立の態様

(1) 指定保税地域は、（①）又は（②）の建設又は管理を行う法人で政令で定める者が所有し、又は管理する土地、建物等の施設について、（③）が指定することにより成立する。

(2) その他の保税地域は、すべてその設置を希望する者が（④）に申請し、（⑤）を受けることにより成立する。設置場所は、申請者が所有し、又は管理する土地、建物等の施設である。

2. 外国貨物を置くことができる期間

(1) **指定保税地域**

当該指定保税地域に入れた日から（⑥）

(2) **保税蔵置場**

当該貨物を（⑦）保税蔵置場に置くことが（⑧）された日から（⑨）

(3) **保税工場**

当該保税工場に当該貨物を（⑩）のために置くこと又は当該保税工場において当該貨物を（⑩）に使用することが（⑧）された日から（⑨）

(4) **保税展示場**

保税展示場としての許可期間（つまり、（⑪）を勘案して（⑫）が必要と認める期間）

(5) **総合保税地域**

当該総合保税地域に当該貨物を置くこと又は当該総合保税地域において当該貨物につき加工又はこれを原料とする（⑬）、若しくは当該貨物の（⑭）又はこれに関連する使用をすることが（⑧）された日から（⑨）

[空欄の答えは次ページにあります]

☞前ページ空欄の答え

①国、地方公共団体

②港湾施設若しくは空港施設

③財務大臣

④税関長

⑤許可

⑥１月

⑦最初に

⑧承認

⑨２年

⑩保税作業

⑪博覧会等の会期

⑫税関長

⑬製造

⑭展示

《参照条文》

【指定保税地域】関税法37条１項、80条１項１号

【保税蔵置場】関税法42条１項、43条の２

【保税工場】関税法56条１項、57条

【保税展示場】関税法62条の２第１項、２項

【総合保税地域】関税法62条の８第１項、62条の９

問題14

保税蔵置場に関する下記の事項について説明せよ。
1. 外国貨物に対する取扱い
2. 外国貨物を置くことができる期間
3. 外国貨物を置くことの承認

☞解答の指針

外国貨物の取扱いを行う場合の通関手続は語群選択式以外
ではよく出題されている。いつ、語群選択式として出題され
てもおかしくはない。図解でチェックしておこう。

☞保税蔵置場の仕組み①

貨物の取扱いに必要な税関手続

区　分	①内容の点検、 改装、仕分け等	②見本の展示、 簡単な加工
他所蔵置 場所	税関長へ**届出**が必要	行うことはできない
指定保税 地域 **保税蔵置場**	税関長への**届出は不要**	税関長の**許可**が必要

☞空欄穴埋め問題14

1. 外国貨物に対する取扱い

保税蔵置場とは、外国貨物の（①）をし、又はこれを置くことができる場所として、政令で定めるところにより、税関長が（②）したものをいう。

保税蔵置場では、上述に掲げる行為のほか、外国貨物又は（③）しようとする貨物につき、これらの貨物の（④）、仕分けその他の手入れをすることができる。

さらに、外国貨物又は輸出しようとする貨物につき、（⑤）、（⑥）その他これらに類する行為で税関長の（⑦）を受けたものを行うことができる。

2. 外国貨物を置くことができる期間

保税蔵置場に外国貨物を置くことができる期間は、当該貨物を（⑧）に置くことが承認された日から（⑨）とする。ただし、税関長は、特別の事由があると認めるときは、（⑩）により、必要な期間を指定してこの期間を（⑪）することができる。

3. 外国貨物を置くことの承認

保税蔵置場に外国貨物を入れる者は、当該貨物をその入れた日から（⑫）（やむを得ない理由により必要があると認めるときは、（⑩）により、税関長が指定する期間）を超えて当該保税蔵置場に置こうとする場合には、政令で定めるところにより、その（⑬）前に税関長に（⑩）し、その（⑭）を受けなければならない。なお、当該（⑭）の（⑩）は、その（⑩）に係る貨物を入れる（⑮）を所轄する税関長に対してしなければならない。

[空欄の答えは次ページにあります]

☞前ページ空欄の答え

　①積卸し若しくは運搬

　②許可

　③輸出

　④内容の点検又は改装

　⑤見本の展示

　⑥簡単な加工

　⑦許可

　⑧最初に保税蔵置場

　⑨２年

　⑩申請

　⑪延長

　⑫３月

　⑬超えることとなる日

　⑭承認

　⑮保税地域等の所在地

《参照条文》

関税法42条１項、43条の２、43条の３第１項、43条の３で
準用する67条の２、49条で準用する40条

問題15

　保税蔵置場に置かれる外国貨物に関し、次の事項について説明せよ。

1. 課税物件確定の時期の原則
2. 適用法令の日の原則
3. 蔵入承認を受けた貨物の課税物件確定の時期
4. 蔵入承認を受けた貨物の適用法令の日

☞解答の指針

　課税物件の確定の時期は、原則として、輸入申告の時であるが、蔵入承認を受けた貨物については、その例外として、蔵入承認を受けた時が課税物件の確定の時期となる。

　しかし、これにはさらに例外があり、長期蔵置中に欠減が生ずるものとして政令で定める一定の原酒については、原則に戻り輸入申告の時が課税物件の確定の時期となる。

　適用法令は原則として、輸入申告の日の法令による。しかし、蔵入承認を受けた貨物を輸入する場合には、適用法令の例外があり、輸入申告後、輸入の許可（又は輸入許可前貨物の引取承認）前に法令改正がされたときは、その許可（又は承認）の日の法令によることとなる。

☞保税蔵置場の仕組み②

　　蔵入承認を受けた貨物の適用法令（改正があった場合）

① 輸入申告　　法令改正☆　　輸入許可

　　　　　　　　　　　　　　この日の法令を適用

② 輸入申告　　法令改正☆　　輸入許可前貨物の引取承認

　　　　　　　　　　　　　　この日の法令を適用

③ 輸入申告　　輸入許可前貨物の引取承認　　法令改正☆　　輸入許可

　この日の法令を適用

④ 輸入申告　　法令改正□　　輸入許可前貨物の引取承認　　法令改正□　　輸入許可

　　　　　　　　　　　　　　この日の法令を適用

☞空欄穴埋め問題15

1. 課税物件確定の時期の原則

関税を課する場合の基礎となる貨物の性質及び数量は、原則として、当該貨物の（①）の時における現況による。

2. 適用法令の日の原則

また、その場合に適用される法令は、（①）の日において適用される法令による。

3. 蔵入承認を受けた貨物の課税物件確定の時期

(1) 保税蔵置場に置かれた外国貨物（（③）貨物）の課税物件の確定の時期は、保税蔵置場に外国貨物を置くことが（②）された時（（③）の時）である。ただし、次の貨物についてはその例外として、（④）である。

　イ　あらかじめ税関に（⑤）廃棄した貨物

　ロ　長期蔵置中に欠減が生ずるものとして関税法施行令で定める輸入原酒（アルコール分が（⑥）以上のウイスキー、ブランデー等）で、（⑦）以上の容器入りのもの

(2) 蔵入承認を受けていない外国貨物（搬入後、原則として３月以内に輸入するもの）についての課税物件の確定の時期は、原則どおり（⑧）である。

4. 蔵入承認を受けた貨物の適用法令の日

原則として、（⑨）の法令が適用される。

しかし、保税蔵置場に置くことの（②）（略して（③））を受けた貨物で、輸入申告がされた後輸入許可（輸入許可前貨物の引取承認がされた場合には、その承認）がされる前に当該貨物に適用される（⑩）があったときは、その許可（又は承認）の日の法令が適用される。

[空欄の答えは次ページにあります]

☞前ページ空欄の答え
　①輸入申告
　②承認
　③蔵入承認
　④輸入申告の時
　⑤届け出て
　⑥50％
　⑦2 L
　⑧輸入申告の時
　⑨輸入申告の日
　⑩法令改正

《参照条文》
関税法4条、5条
関税法施行令2条1項

16 特定保税承認制度

問題16

以下の事項について説明せよ。

1. 保税蔵置場の許可の特例（特定保税承認制度の概要）
2. 保税蔵置場の許可の特例に規定する承認の申請手続
3. 保税蔵置場の許可の特例に規定する承認の要件

☞解答の指針

特定保税承認制度は、AEO制度の一環として、導入された制度である。

特定保税承認制度とは、コンプライアンスのすぐれた者として、あらかじめ税関長の承認を受けた保税蔵置場等の被許可者（承認取得者）について、税関長へ届け出ることにより保税蔵置場を設置すること等を可能とする制度である。

☞特定保税承認制度の仕組み

> Q「現在、許可を受けている保税蔵置場以外にも、保税蔵置場を設け、外国貨物の蔵置等を行いたい。」

チェックリスト

① 「今の保税蔵置場の許可を受けてから 3 年を経過しているか?」
② 「NACCS (電子情報処理組織) にて業務を行っているか?」
③ 「社内でコンプライアンス規則を定め、徹底しているか?」
④ 「承認取得者となった後に承認を取り消された場合において、その取消しの日から 3 年経過しているか?」
⑤ 「関税法 43 条 2 号〜7 号 (例: 関税法違反で刑に処せられ、その刑の執行を終わった日から 3 年を経過していないもの) に該当しないか?」

---

①〜⑤すべてにおいて
「YES」の場合

↓

★税関長から承認を受ける (「承認取得者」となる)。

税関長に「届出」

↓

①届出場所が承認期間の間、「保税蔵置場とみなされ」、外国貨物の蔵置等ができる、
②許可手数料が免除される、
などのメリットがある。

☞空欄穴埋め問題16

1. 保税蔵置場の許可の特例

　　保税蔵置場の許可を受けている者であらかじめ税関長の（①）を受けた者（「（②）」という。）は、（③）が財務省令で定める基準に適合する場所において、（④）等を行おうとする場合には、その場所を所轄する税関長に、その旨の（⑤）をすることができる。なお、この（⑤）に係る場所については、当該（⑤）が（⑥）された時において、保税蔵置場の許可を受けたものとみなして、関税法の規定を適用する。この場合において、保税蔵置場の許可を受けたものとみなされる場所に係る当該許可の期間は（⑦）と同一の期間とする。

2. 保税蔵置場の許可の特例に規定する承認の申請手続

　　この規定の承認を受けようとする者は、その（⑧）及び氏名又は名称その他必要な事項を記載した申請書を、その（⑧）の所在地を所轄する（⑨）に提出しなければならない。

　　なお、当該承認は、（⑩）ごとにその（⑪）を受けなければ、その期間の経過によって、その効力を失う。

3. 保税蔵置場の許可の特例に規定する承認の要件

イ　当該承認を取り消された場合において、その取消しの日から（⑫）を経過していること

ロ　現に受けている保税蔵置場の許可について、その許可の日から（⑫）を経過していること

ハ　関税法43条2号から7号（許可の要件）に該当しないこと

ニ　外国貨物の蔵置等に関する業務を（⑬）を使用して行うことその他当該業務を（⑭）を有していること

ホ　外国貨物の蔵置等に関する業務について、その者又はその代理人、支配人その他の従業者が関税法その他の法令の規定を遵守するための事項として（⑮）を定めていること

[空欄の答えは次ページにあります]

☞前ページ空欄の答え

　①承認

　②承認取得者

　③位置又は設備

　④外国貨物の蔵置

　⑤届出

　⑥受理

　⑦承認が効力を有する期間

　⑧住所又は居所

　⑨税関長

　⑩ 8 年

　⑪更新

　⑫ 3 年

　⑬電子情報処理組織

　⑭適正かつ確実に遂行することができる能力

　⑮財務省令で定める事項を規定した規則

　《参照条文》
　関税法50条、51条

問題17
　関税法63条に規定する保税運送の手続について説明せよ。

☞解答の指針
　保税運送制度とは、外国貨物を開港、税関空港、保税地域、税関官署等相互間に限り外国貨物のまま運送することができる制度である。そして保税運送をするためには税関長の承認が必要となる。しかし、すべての外国貨物について税関長の承認を受けなければならないわけではなく、承認が不要な貨物として、郵便物等４つの貨物が定められているのでしっかりと覚えること。
　保税運送には、その都度申告をして、個別に承認を受ける方法のほかに、１年の範囲内で税関長が指定する期間内に発送される外国貨物に対し、一括して承認を受ける方法もある。

☞保税運送の仕組み①
　　承認が不要の場合

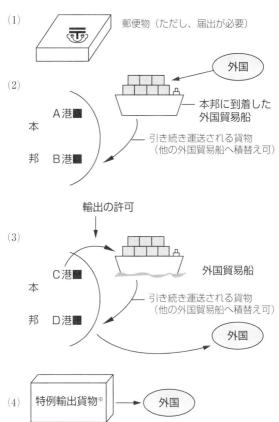

(1) 郵便物（ただし、届出が必要）

(2) A港　B港　本邦
　　本邦に到着した外国貿易船　←外国
　　引き続き運送される貨物
　　（他の外国貿易船へ積替え可）

(3) 輸出の許可
　　C港　D港　本邦
　　外国貿易船
　　引き続き運送される貨物
　　（他の外国貿易船へ積替え可）
　　→外国

(4) 特例輸出貨物※　→外国

※　「特例輸出貨物」とは、関税法67条の3第1項（輸出申告の特例）の規定による輸出申告が行われ、税関長の輸出の許可を受けた貨物のことである。

☞空欄穴埋め問題17

(1) 外国貨物は、税関長に申告し、（①）を受けることにより開港、（②）、保税地域、（③）、関税法30条1項2号（外国貨物を置く場所の制限）の規定により税関長が（④）した場所相互間に限り、（⑤）のまま運送することができる。

　　ただし、次に掲げる貨物については承認を受ける必要はない。

　イ　（⑥）

　ロ　本邦に到着した外国貿易船等に積まれていた外国貨物で、（⑦）当該外国貿易船等により、又は他の外国貿易船等に積み替えられて運送されるもの

　ハ　（⑧）を受けて外国貿易船等に積み込まれた外国貨物で、当該外国貿易船等により、又は他の外国貿易船等に積み替えられて運送されるもの

　ニ　（⑨）貨物

(2) また、運送の（⑩）その他の事情を勘案して（⑪）がないときは、（⑫）の範囲内で税関長が指定する期間内に発送される外国貨物の運送について（⑬）を受けることができる。

(3) 税関長は、上記(1)、(2)の承認をする場合において必要があると認めるときは、税関職員に貨物の（⑭）をさせ、また、（⑮）を提供させることができる。

(4) 税関長は、上記(1)、(2)の承認をする場合においては、相当と認められる運送の（⑯）を指定しなければならない。この場合において、その指定後（⑰）が生じたため必要があると認めるときは、税関長は、その指定した（⑯）を延長することができる。

(5) 郵便物（（⑱）を除く。）は、税関長に届け出て、特定区間に限り外国貨物のまま運送できる。その際は、（⑲）を税関に提示し、その（⑳）を受けなければならない。

[空欄の答えは次ページにあります]

☞前ページ空欄の答え
①承認
②税関空港
③税関官署
④指定
⑤外国貨物
⑥郵便物
⑦引き続き
⑧輸出の許可
⑨特例輸出
⑩状況
⑪取締り上支障
⑫1年
⑬一括して承認
⑭検査
⑮関税額に相当する担保
⑯期間
⑰災害その他やむを得ない事由
⑱特定郵便物※
⑲運送目録
⑳確認

※ 「特定郵便物」とは、信書及び関税法76条5項（郵便物の輸出入の簡易手続）の規定により税関長から検査終了などの通知がされた郵便物のこと。

《参照条文》
関税法63条1項、2項、4項、63条の9
関税法施行令52条、53条の2

18 保税運送② 重要度

問題18
関税法63条に規定する保税運送に関し、次の事項について説明せよ。
1. 発送及び到着の際の手続
2. 運送目録の提出が不要な場合

☞解答の指針
手続では、"運送目録"の流れ（発送の確認→到着の確認→税関長へ提出）をしっかりと覚えること。

☞保税運送の仕組み②

保税運送の流れ

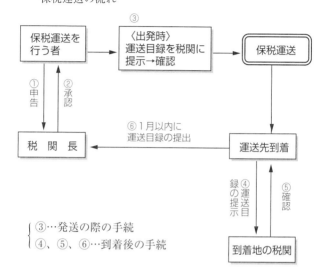

{ ③…発送の際の手続
{ ④、⑤、⑥…到着後の手続

注意：郵便物の保税運送について

郵便物（特定郵便物を除く。）は、税関に届け出て特定区間に限り、外国貨物のまま運送することができる。一般の場合は、「承認」事項であるが、郵便物の場合は、「届出」であることが異なる。仕組みは、上図と同様である。

☞空欄穴埋め問題18

1. 発送及び到着の際の手続

(1) 保税運送に際しては、（①）を税関に提示し、その（②）を受けなければならない（一括承認を受けた場合には、税関長の指定した期間ごとに一括して（②）を受けることができる）。

(2) 保税運送の承認を受けた者は、その承認を受けた外国貨物が運送先に到着したときは、(1)で確認を受けた運送目録を直ちに（③）に提示し、その（④）を受けなければならない（一括承認の場合は、保税運送の承認をした税関長が指定した期間ごとに、その期間内に到着した外国貨物に係る運送目録について、一括して（④）を受けることができる）。

また、到着の確認を受けた運送目録を、到着の確認を受けた日から（⑤）以内に（⑥）をした税関長に提出しなければならない。

2. 運送目録の提出が不要な場合

保税運送が次のいずれかに該当する場合には、運送目録の提出は要しない。

(1) 保税運送の承認及び運送先到着後の確認を行う（⑦）が同一である保税運送

(2) 相互に多数の保税運送が行われる場所（同一の税関の管轄区域内の場所に限る。）として税関長が（⑧）相互間において行われる保税運送

(3) （⑨）を受けた貨物に係る保税運送

[空欄の答えは次ページにあります]

☞前ページ空欄の答え

① 運送目録

② 確認

③ 到着地の税関

④ 確認

⑤ 1 月

⑥ 保税運送の承認

⑦ 税関官署の長

⑧ 指定した特定の場所

⑨ 輸出の許可

《参照条文》

関税法63条3項、5項、6項

関税法施行令53条の3

問題19

　以下の事項について説明せよ。

1. 特定保税運送者
2. 特定保税運送の手続
3. 特定委託輸出者との関係
4. 特定保税運送者の承認の要件

☞解答の指針

　特定保税運送制度は、ＡＥＯ制度の一環として導入された制度である。

　保税運送を行うためには、原則、税関長による承認が必要だが、貨物のセキュリティ管理とコンプライアンス体制が整備された認定通関業者又は国際運送貨物取扱事業者（特定保税承認者等）であって、あらかじめ税関長の承認を受けた者であれば、特定区間につき、個々の保税運送の承認が不要となる。さらに、輸出者の依頼により認定通関業者が保税地域以外の場所で申告を行う（特定委託輸出申告制度）輸出貨物の運送について、輸出者の依頼によりその場所から直接積込港等まで運送を行うことが可能となる。これにより、リードタイム及びコストの削減に貢献している。

☞特定保税運送者とは

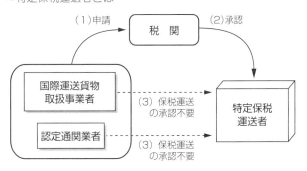

☞特定保税運送者が保税運送を行う場合の手続

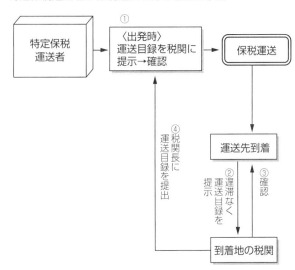

☞空欄穴埋め問題19

1. 特定保税運送者とは

　　コンプライアンス等のすぐれた（①）又は（②）で、あらかじめいずれかの税関長の（③）を受けたものを、特定保税運送者という。

2. 特定保税運送の手続

　　特定保税運送に際しては、（④）を税関に提示し、その（⑤）を受けなければならない。

　　特定保税運送に係る外国貨物が運送先に到着したときは、（④）を（⑥）に提示し、その（⑤）を受けなければならない。さらに、その（⑤）を受けた（④）を当該運送の（⑤）をした税関の税関長に提出しなければならない。

　　なお、特定保税運送に係る外国貨物が（⑦）から起算して（⑧）以内に運送先に到着しないときは、（⑨）から、直ちにその関税を徴収する。

3. 特定委託輸出者との関係

　　（⑩）は、その申告に係る貨物が置かれている場所から当該貨物を外国貿易船等に積み込もうとする開港、税関空港又は不開港までの運送を（⑪）に委託しなければならない。

4. 特定保税運送者の承認の要件

　　承認を受けようとする者が、当該業務を適正かつ確実に遂行することができる能力を有していることが必要であるが、その例として、特定保税運送に関する業務を（⑫）を使用して行えることが挙げられる。

　　また、承認を受けようとする者は、特定保税運送に関する業務について、その者（その者が法人である場合においては、その（⑬）を含む。）又はその代理人、支配人その他の従業者が関税法その他の法令の規定を遵守するための事項として（⑭）を定めていなければならない。

　　　　　　　　　[空欄の答えは次ページにあります]

☞前ページ空欄の答え
　①認定通関業者
　②国際運送貨物取扱事業者
　③承認
　④運送目録
　⑤確認
　⑥到着地の税関
　⑦発送の日の翌日
　⑧7日
　⑨特定保税運送者
　⑩特定委託輸出者
　⑪特定保税運送者
　⑫電子情報処理組織
　⑬役員
　⑭財務省令で定める事項を規定した規則

《参照条文》
関税法63条の2、63条の4、65条2項、67条の3

問題20
関税の納税義務について説明せよ。

☞解答の指針

関税の納税義務については、出題形式を問わず、毎年出題される頻出テーマである。

関税の納税義務者は、関税関係法令に別段の規定がある場合を除くほか、「貨物を輸入する者」と規定されている。この場合の「貨物を輸入する者」とは、通常の輸入取引により輸入される貨物については、原則として仕入書（インボイス）に記載されている荷受人となる（仕入書がない場合は船荷証券又は航空運送状等に記載されている荷受人となる）。

《原則》

ケース	納税義務者
通常の輸入貨物	貨物を輸入する者
関税定率法17条1項（再輸出免税）の適用を受けて輸入された学術研究用品であって、その輸入の許可の日から1年以内に輸出されなかったもの	当該輸入した者
郵便物	当該郵便物を受け取ろうとする者

本試験対策としては、上記の原則を理解しつつ、例外規定、すなわち「関税関係法令に定められている別段の規定」をすべて覚えておく必要がある。次ページにて、過去に本試験で出題されたケースをまとめたため、活用していただきたい。

その際に、関税法13条の3に規定する「補完的納税義務」については、体系的に理解する必要があることに留意すること。

☞本試験で出題された例外的納税義務者

《例外》

ケース	納税義務者
本邦の開港に入港中の外国貿易船に積まれている輸入しようとする貨物であって、輸入される前に当該外国貿易船の船上で消費されるもの	当該消費する者
補完的納税義務	当該通関業者と当該貨物の輸入者
外国貿易船(機)に船(機)用品として積み込むことの承認を受けた外国貨物で、その承認の際に指定された期間内に当該承認に係る船舶(航空機)に積み込まれないもの	当該承認を受けた者
保税蔵置場にある外国貨物で亡失したもの又はあらかじめ税関長の承認を受けることなく滅却されたもの	当該保税蔵置場の許可を受けた者
保税工場(総合保税地域)外における保税作業の許可を受けて税関長が指定した場所に出されている外国貨物で、指定された期間を経過してもなおその場所に置かれているもの	保税工場(総合保税地域)の許可を受けた者
保税展示場に入れられた外国貨物が、保税展示場の許可の期間の満了後に、税関長が指定した期間内に所要の措置がとられないで放置されているもの	当該保税展示場の許可を受けた者
特定保税運送に係る外国貨物で、その発送の日の翌日から起算して7日以内に運送先に到着しないもの	当該外国貨物の運送を行う特定保税運送者
保税運送の承認を受けて運送された外国貨物で、その承認の際に指定された運送期間内に運送先に到着しないもの	当該運送の承認を受けた者
賦課課税方式が適用される輸入郵便物であって、税関の検査が終了した後、名あて人に交付される前に亡失したもの	日本郵便株式会社
定率法15条1項(特定用途免税)の適用を受けて輸入された貨物で、その輸入の許可の日から2年以内に当該特定用途以外の用途に供するため譲渡されたもの	その譲渡した者
定率法15条1項(特定用途免税)の規定の適用を受けて輸入された貨物で、その免税に係る特定の用途に供するために所定の手続を経て譲り受けた者が当該特定の用途以外の用途に供したもの	貨物を譲り受けた者
軽減税率(暫定措置法9条1項)の適用を受けて輸入された貨物が、税関長の承認を受けることなくその輸入の許可の日から2年以内に当該軽減税率の適用を受けた用途以外の用途に供するために譲渡されたもの	その譲渡した者

☞空欄穴埋め問題20

【原則】関税は、関税法又は関税定率法その他関税に関する法律に別段の規定がある場合を除くほか、（①）が、これを納める義務がある。

【例外】

1. 保税蔵置場にある外国貨物で、あらかじめ税関長の承認を受けることなく滅却されたものの関税 ⇒（②）

2. 船用品として外国貿易船に積み込むことにつき承認を受けた外国貨物で、指定された期間内に当該外国貿易船に積み込まれなかったものの関税 ⇒（③）

3. 保税工場外における保税作業の許可を受けて保税工場から指定された場所に出されている外国貨物で、指定された期間を経過してもなおその指定された場所に置かれているものの関税 ⇒（④）

4. 賦課課税方式が適用される輸入郵便物であって、税関の検査が終了した後、名あて人に交付される前に亡失したものの関税 ⇒（⑤）

5. 関税定率法15条1項（特定用途免税）の規定の適用を受けて輸入された貨物で、その輸入の許可の日から（⑥）以内に当該特定用途以外の用途に供するため譲渡されたものの関税 ⇒（⑦）

6. 関税定率法15条1項（特定用途免税）の規定の適用を受けて輸入された貨物で、その免税に係る特定の用途に供するために所定の手続を経て譲り受けた者が当該特定の用途以外の用途に供したものの関税 ⇒（⑧）

7. 輸入の許可前における貨物の引取りの承認を受けて引き取られた貨物について、納付された関税に（⑨）があった場合において、当該承認の際当該貨物の輸入者とされた者の（⑩）が明らかでなく、又はその者が当該貨物の（⑪）でないことを申し立てた場合であって、かつ、当該貨物の輸入に際してその通関業務を取り扱った通関業者が、その通関業務の（⑫）をした者を明らかにすることができなかったときは、当該通関業者は、当該貨物の輸入者と（⑬）して当該関税を納める義務を負う。

[空欄の答えは次ページにあります]

☞前ページ空欄の答え

①貨物を輸入する者

②保税蔵置場の許可を受けた者

③積込みの承認を受けた者

④保税工場の許可を受けた者

⑤日本郵便株式会社

⑥２年

⑦貨物を譲渡した者

⑧貨物を譲り受けた者

⑨不足額

⑩住所及び居所

⑪輸入者

⑫委託

⑬連帯

《参照条文》

【原則】関税法６条

【例外】

1　関税法45条１項

2　関税法23条６項

3　関税法61条５項

4　関税法76条の２第１項

5　関税定率法15条２項

6　関税定率法15条２項、20条の３及び同法基本通達

7　関税法13条の３

問題21
　関税の確定に関する２つの方式のうち、申告納税方式について説明するとともに、その適用範囲、申告手続、教示の求め及び関税納付手続についても説明せよ。

☞解答の指針
　申告納税方式とは、次のような税額の確定方式である。

（原則）　税額→納税義務者（＝輸入者（関税法６条））の
　　　　　　　　　申告により確定

（例外）　(1)申告なし
　　　　　(2)税額計算が関税に関する
　　　　　　法律の規定にしたがって
　　　　　　いない　　　　　　　　　　}→税関長の処分に
　　　　　(3)税額が税関長の調査した　　　　より確定
　　　　　　ところと不一致

☞申告納税方式による関税の納付手続

（参考）賦課課税方式による関税で納税告知書の送達を受けた場合

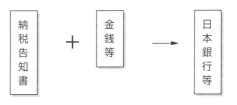

☞空欄穴埋め問題21

1. 申告納税方式

申告納税方式とは、納付すべき税額又は当該税額がないことが（①）により確定することを原則とし、その（②）場合又はその申告に係る（③）が関税に関する法律の規定に従っていなかった場合その他当該税額が税関長の（④）したところと異なる場合に限り、（⑤）により確定する方式をいう。

2. 適用範囲

（⑥）によることとされている関税以外の関税は、すべて申告納税方式が適用される。

3. 申告手続

申告納税方式が適用される貨物を輸入しようとする者は、税関長に対し、当該貨物に係る（⑦）をしなければならない。この申告は、政令で定めるところにより、関税法67条（輸出又は輸入の許可）の規定に基づく（⑧）に、同条の規定により記載すべきこととされている当該貨物に係る（⑨）その他の事項のほか、その（⑩）その他必要な事項を記載して、これを税関長に提出することによって行うものとする。

4. 教示の求め

税関は、納税義務者その他の関係者から上記3の申告について必要な輸入貨物に係る関税定率法別表（関税率表）の（⑪）、税率、（⑨）等の教示を求められたときは、その適切な教示に努めるものとする。

5. 関税納付手続

申告納税方式の場合の関税の納付は、その税額に相当する（⑫）に（⑬）を添え、これを（⑭）（国税の収納を行う代理店を含む。）又はその収納を行う（⑮）に納付することによって行う。なお、金銭のほか、「証券をもってする歳入納付に関する法律」の定めるところにより（⑯）等の特定の証券により納付することもできる。

[空欄の答えは次ページにあります]

☞前ページ空欄の答え
　①納税義務者のする申告
　②申告がない
　③税額の計算
　④調査
　⑤税関長の処分
　⑥賦課課税方式
　⑦関税の納付に関する申告
　⑧輸入申告書
　⑨課税標準
　⑩税額
　⑪適用上の所属
　⑫金銭
　⑬納付書
　⑭日本銀行
　⑮税関職員
　⑯持参人払式小切手（その他、記名式持参人払小切手、国
　　債証券の利札〈記名式のものは除く。〉で支払期の到達
　　しているもの、郵便普通為替証書などでもよい。）

　《参照条文》
　関税法6条の2第1項1号、7条、9条の4

問題22

　関税の確定に関する２つの方式のうち、賦課課税方式について説明するとともに、その適用範囲及び納税の告知についても説明せよ。

☞解答の指針

　賦課課税方式が適用される関税は、簡単に列挙すると以下のようになる。

(1) 携帯品、別送品等の関税

(2) 郵便物の関税

(3) 遡及して課税される相殺関税及び不当廉売関税

(4) 関税関係法令の規定により一定の事実が生じた場合に直ちに徴収するものとされている関税

(5) 関税関係法令以外の関税に関する法令により賦課課税方式とされている関税

(6) 過少申告加算税、無申告加算税、重加算税

☞賦課課税方式の仕組み

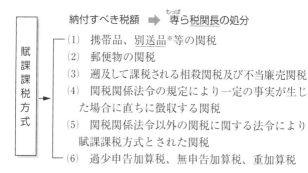

納付すべき税額 ➡ 専ら税関長の処分

賦課課税方式
- (1) 携帯品、別送品※等の関税
- (2) 郵便物の関税
- (3) 遡及して課税される相殺関税及び不当廉売関税
- (4) 関税関係法令の規定により一定の事実が生じた場合に直ちに徴収する関税
- (5) 関税関係法令以外の関税に関する法令により賦課課税方式とされた関税
- (6) 過少申告加算税、無申告加算税、重加算税

※　別送品は、下記のいずれの要件も満たすものに限られる。
① 本邦に入国する者が、その入国の際に、当該貨物の品名、数量、輸入の予定時期及び予定地並びに積出地を記載した申告書を税関に提出してその申告をしたことについて税関の確認を受け、その入国後 6 月以内に輸入する貨物
② 商業量に達しないもの

☞空欄穴埋め問題22

1. 賦課課税方式

賦課課税方式とは、納付すべき税額が専ら（①）により確定する方式である。

2. 適用範囲

賦課課税方式は、次の関税について適用される。

⑴ 本邦に入国する者がその入国の際に（②）して輸入し、又は政令で定めるところにより（③）して輸入する貨物その他これに類する貨物で政令で定めるものに対する関税

⑵ （④）に対する関税（ただし、その課税標準となるべき価格が（⑤）を超えるもの（寄贈物品であるものその他の政令で定めるものを除く。）及び郵便物を輸入しようとする者から当該郵便物につき関税法67条（輸出又は輸入の許可）の申告を行う旨の申出があった場合に係るものを除く。）

⑶ 遡及して課税される（⑥）及び（⑦）

⑷ 関税法又は関税定率法その他関税に関する法律の規定により（⑧）が生じた場合に（⑨）に徴収するものとされている関税

⑸ 関税法及び関税定率法以外の関税に関する法律の規定により、税額の確定が（⑩）によるものとされている関税

⑹ （⑪）加算税、（⑫）加算税及び（⑬）加算税

3. 納税の告知

税関長は、賦課課税方式による関税で、次に掲げる関税以外のものを徴収しようとするときは、（⑭）をしなければならない。

イ　関税法77条３項の規定により納付される（⑮）の関税
ロ　貨物の（⑯）による代金をもって充てる関税
ハ　（⑪）加算税、（⑫）加算税及び（⑬）加算税

なお、この（⑭）は、税関長が、政令で定めるところにより、納付すべき税額、（⑰）を記載した（⑱）を送達して行う。ただし、当該決定が携帯品等に対する関税に係るものである場合その他政令で定める場合には、当該（⑱）の送達に代えて、税関職員に（⑲）で当該告知をさせることができる。

[空欄の答えは次ページにあります]

☞前ページ空欄の答え
　①税関長の処分
　②携帯
　③別送
　④郵便物
　⑤20万円
　⑥相殺関税
　⑦不当廉売関税
　⑧一定の事実
　⑨直ち
　⑩賦課課税方式
　⑪過少申告
　⑫無申告
　⑬重
　⑭納税の告知
　⑮郵便物
　⑯公売又は売却
　⑰納期限及び納付場所
　⑱納税告知書
　⑲口頭

《参照条文》
関税法6条の2第1項2号、9条の3

問題23
　関税法７条の２に規定する申告の特例に関し、次の事項
について説明せよ。
　１．特例申告の適用要件
　２．期限内特例申告と期限後特例申告のそれぞれの内容
　３．担保の提供

☞解答の指針
　通常、外国から到着した貨物を本邦に引き取る場合には、
保税地域等に搬入後、輸入申告及び納税申告を同時に行い、
審査、検査を受けた後、関税を納付し、輸入許可を受けなけ
ればならない。これに対し、特例申告を利用した場合、貨物
の引取申告をするだけで納税申告前に輸入許可がされ、貨物
を保税地域等から引き取ることができる。つまり、輸入時に
納税に関する申告が不要であり、納税審査などを要さないた
め、引取りまでに要する時間が短縮されるというメリットが
ある。また、関税等の納付に関しては、１ヵ月分まとめて翌
月末日までに行えばよい。
　なお、特例申告書の提出先は、特例申告貨物の輸入を許可
した税関長である。

☞特例申告の仕組み

　ⅰ　通常の輸入申告の場合

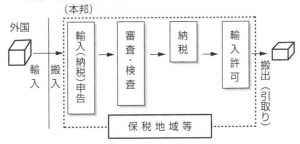

　ⅱ　特例申告の場合

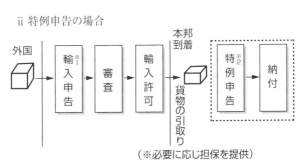

（※必要に応じ担保を提供）

※1：輸入申告　ここでいう輸入申告とは、納税申告を伴わ
　　　　　　　ない引取申告のことである。なお、引取り時
　　　　　　　に納税のための審査、検査は行われない。

※2：特例申告　輸入申告と分離して行う納税申告のことで
　　　　　　　ある。特例申告書を作成し、輸入の許可の日
　　　　　　　の属する月の翌月末日までに当該許可をした
　　　　　　　税関長に提出することにより行う。

☞空欄穴埋め問題23

1. 特例申告の適用要件

⑴　貨物を輸入する者で、あらかじめ、いずれかの税関長の（①）を受けた者（「（②）」という。）又は、当該貨物の輸入に係る通関手続を（③）に委託した者（「（④）」という。）であること

⑵　（⑤）が適用される貨物であること

2. ⑴期限内特例申告

特例申告を行う場合は、特例申告に係る貨物で（⑥）を受けたものについて、（⑦）を作成し、（⑥）の日の（⑧）までに当該（⑥）をした税関長に提出しなければならない。この規定による申告を（⑨）という。

⑵期限後特例申告

（⑦）を提出すべきであった者は、その提出期限後においても、税関長による（⑩）があるまでは、その（⑦）に記載すべきものとされている事項を記載した特例申告書を当該（⑥）をした税関長に提出することができる。この規定による申告を（⑪）という。

3. 担保の提供

税関長は、関税、内国消費税及び地方消費税の保全のため必要があると認めるときは、（②）又は（④）に対し、（⑫）を指定して、関税等につき担保の提供を命ずることができる。

[空欄の答えは次ページにあります]

☞前ページ空欄の答え

　①承認
　②特例輸入者
　③認定通関業者
　④特例委託輸入者
　⑤申告納税方式
　⑥輸入の許可
　⑦特例申告書
　⑧属する月の翌月末日
　⑨期限内特例申告
　⑩決定
　⑪期限後特例申告
　⑫金額及び期間

《参照条文》
関税法7条の2、7条の4、7条の8

問題24

認定製造者制度につき、以下の事項について説明せよ。
1. 製造者の認定
2. 製造者の認定要件となる能力

☞解答の指針

認定製造者と特定製造貨物輸出者の意味、関係を理解することが重要である。

特定輸出申告制度における特定輸出者とは異なり、認定製造者は、自らが輸出手続の当事者になるのではなく、自らが管理する特定製造貨物輸出者を通して輸出手続を行うことになる点に注意しよう。

☞認定製造者制度の一巡

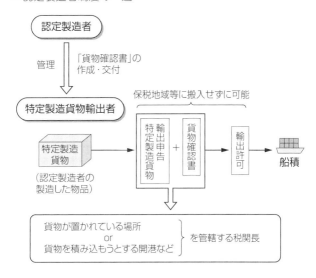

認定製造者が製造した貨物について認定製造者の管理の下に輸出しようとする者を特定製造貨物輸出者という。

特定製造貨物輸出者は、保税地域に輸出貨物を入れないで、輸出申告を行うことができる。これを特定製造貨物輸出申告というが、その際認定製造者から交付された貨物確認書を税関長に提出する。

☞空欄穴埋め問題24

1. 製造者の認定

(1) 貨物を製造する者は、申請により、自ら製造した貨物の輸出に関する業務が、（①）、輸出者その他の者により（②）に行われるよう、当該業務の遂行を（③）することができるものと認められる旨の税関長の認定を受けることができる。

(2) 上記(1)の認定を受けようとする者（「申請者」という。）は、当該申請者及び（④）（当該申請者が製造する貨物を輸出しようとする者であって、当該貨物の輸出に関する業務を当該申請者の管理の下に行う者をいう。）の住所又は居所及び氏名又は名称その他必要な事項を記載した申請書を、当該申請者の（⑤）を所轄する税関長に提出しなければならない。

2. 製造者の認定要件となる能力

(1) 申請者は、以下のことを確保するために必要な業務を遂行する能力を有していなければならない。

　イ　特定製造貨物につき、適正な（⑥）の作成及びその（⑦）その他の特定製造貨物の輸出申告が適正に行われること

　ロ　特定製造貨物が輸出のために外国貿易船等に積み込まれるまでの間の当該特定製造貨物の管理について、その状況を把握するとともに、当該特定製造貨物に係る（⑧）の内容に即して適正に行われること

(2) さらに、特定製造貨物輸出者が、輸出申告を（⑨）を使用して行う能力を有していることも必要である。

※　「（⑥）」：貨物の品名、数量その他の政令で定める事項を記載した書面であって認定製造者が作成したもの。（⑩）は、これを特定製造貨物輸出申告に際して、税関長に提出しなければならない。

[空欄の答えは次ページにあります]

☞前ページ空欄の答え
　①自己
　②適正かつ確実
　③適正に管理
　④特定製造貨物輸出者
　⑤住居又は居所の所在地
　⑥貨物確認書
　⑦特定製造貨物輸出者への交付
　⑧輸出申告
　⑨電子情報処理組織
　⑩特定製造貨物輸出者

《参照条文》
関税法67条の13

25 認定通関業者制度

重要度 A

問題25

　以下の事項について説明せよ。

　1．認定通関業者とは

　2．認定通関業者の認定基準

☞解答の指針

　認定通関業者制度も、ＡＥＯ制度の一環である。

　貨物のセキュリティ管理とコンプライアンス体制が整備された者として、あらかじめ税関長の認定を受けた通関業者に依頼をすれば、

　①輸入貨物の通関手続において、貨物の引取り後に納税申告を行うこと（特例委託輸入者による特例申告）

　②輸出貨物の通関手続について、特定保税運送者による運送等を前提に、貨物を保税地域に入れることなく輸出申告を行い、輸出の許可を受けること（特定委託輸出申告制度）

が可能になる。

☞認定通関業者とは

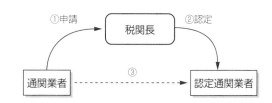

☞③による効果

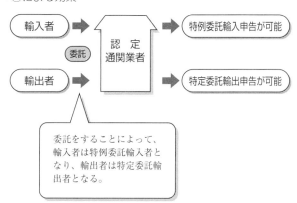

委託をすることによって、輸入者は特例委託輸入者となり、輸出者は特定委託輸出者となる。

☞空欄穴埋め問題25

1. 認定通関業者とは

申請により、（①）その他の輸出及び輸入に関する業務を（②）かつ（③）に遂行することができるものと認められる旨の税関長の（④）を受けた通関業者をいう。

2. 認定通関業者の認定基準

(1) 認定を受けようとするものが次のいずれにも該当しないこと

イ　認定通関業者の認定を取り消された日から（⑤）を経過していないものであること

ロ　現に受けている通関業法3条1項（通関業の許可）の許可について、その許可を受けた日から（⑤）を経過していない者であること

ハ　通関業法5条各号（許可の基準）に掲げる基準に適合していない者であること

ニ　通関業法6条1号、3号から7号まで、10号又は11号（欠格事由）のいずれかに該当している者であること

ホ　その業務について通関業法6条6号又は7号に該当する者を（⑥）、使用人その他の従業者として使用する者であること

(2) 認定を受けようとする者が、通関手続を（⑦）を使用して行うこと、その他輸出及び輸入に関する業務を（⑧）で定める基準に従って遂行することができる能力を有していること

(3) 認定を受けようとする者が、輸出及び輸入に関する業務について、その者（その者が法人である場合にはその役員を含む。）又は、その（⑥）、支配人その他の従業者が関税法その他の法令の規定を遵守するための事項を規定した（⑨）を定めていること

[空欄の答えは次ページにあります]

☞前ページ空欄の答え

　①通関業務

　②適正

　③確実

　④認定

　⑤３年

　⑥代理人

　⑦電子情報処理組織

　⑧財務省令

　⑨規則

《参照条文》
関税法79条

問題26
　関税法12条に規定する延滞税に関し、次の事項について説明せよ。
　1．延滞税が徴収される場合
　2．延滞税が免除される場合

☞解答の指針

　法定納期限までに関税が納付されなかった場合に課される関税の附帯税の一つである。

※　附帯税とは、本税に附帯して課されるもので、課税の公平性を前提としたペナルティである。延滞税・過少申告加算税・無申告加算税・重加算税の4つが関税法に定められている（関税法2条1項4号の2）。

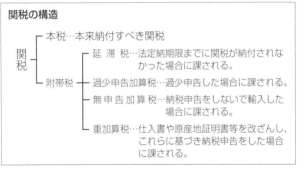

関税の構造

関税
├ 本税…本来納付すべき関税
└ 附帯税
　├ 延滞税…法定納期限までに関税が納付されなかった場合に課される。
　├ 過少申告加算税…過少申告した場合に課される。
　├ 無申告加算税…納税申告をしないで輸入した場合に課される。
　└ 重加算税…仕入書や原産地証明書等を改ざんし、これらに基づき納税申告をした場合に課される。

1．延滞税が徴収される場合
　(1)納税義務者が法定納期限までに関税を完納しない場合
　(2)過大に払戻し若しくは、還付を受けた関税額を徴収される場合

2．延滞税が免除される場合
　(1)やむを得ない場合（関税法12条6項）
　　　　やむを得ない理由により税額等に誤りがあったため、法定納期限後に未納に係る関税額が確定し、かつその事情

につき税関長の確認があったときは、延滞税が次のように免除される。

① 修正申告の場合

法定納期限の翌日から当該関税につき修正申告をした日までの日数に対応する部分の金額

② 更正通知書又は賦課決定通知書が発せられた場合

法定納期限の翌日から更正通知書若しくは賦課決定通知書が発せられた日までの日数に対応する部分の金額

(2)一定の事由により免除される場合

一定期間に対応する部分の延滞税額が免除	①滞納処分の執行停止をした場合 ②災害等の発生により納付が困難な場合 ③交付要求により交付を受けた金銭を関税に充てた場合 ④換価執行決定により差押え不動産を売却し、その代金を関税に充てた場合 ⑤滞納処分の財産の換価を猶予した場合で一定の事由※1がある場合
納期限の翌日から2月経過する日後において、一定期間に対応する延滞税額のうち特例延滞税額※2を超える部分が免除	①滞納処分の財産の換価を猶予した場合 ②不服申立てにより関税の徴収に関する処分の執行停止をした場合 ③差押えをし、又は担保の提供を受けた場合

違いに注意しよう

※1 一定の事由とは、「納税義務者がその事業又は生活の状況によりその延滞税の納付を困難とするやむを得ない理由があると認められるとき」に該当する場合である。

※2 特例延滞税額とは、延滞税特例基準割合に一定の割合を加えた延滞税率により算出された延滞税額のことである。この場合の延滞税特例基準割合に7.3%を加えた税率により計算された延滞税額をさす。延滞税特例基準割合については、P127参照。

☞空欄穴埋め問題26

1. 延滞税が徴収される場合

延滞税は納税義務者が（①）までに関税（（②）を除く。）を完納しない場合又は（③）若しくは還付を受けた関税額を徴収される場合に課される。

2. 延滞税が免除される場合

(1)やむを得ない場合（関税法12条6項）

やむを得ない理由により（④）があったため、法定納期限後に未納に係る関税額が確定し、かつその事情につき（⑤）の確認があったときは、延滞税が次のように免除される。

イ　修正申告の場合

法定納期限の（⑥）から当該関税につき修正申告を（⑦）までの日数に対応する部分の金額

ロ　更正通知書又は賦課決定通知書が発せられた場合

法定納期限の（⑥）から更正通知書若しくは賦課決定通知書が（⑧）までの日数に対応する部分の金額

(2)一定の事由により免除される場合

・一定期間に対応する部分の延滞税額が免除

イ　滞納処分の（⑨）をした場合

ロ　（⑩）により納付が困難な場合

ハ　（⑪）により交付を受けた金銭を関税に充てた場合

ニ　（⑫）により差押え不動産を売却し、その代金を関税に充てた場合

ホ　滞納処分の財産の（⑬）した場合で一定の事由がある場合

・納期限の翌日から（⑭）経過する日後において、一定期間に対応する延滞税額のうち（⑮）を超える部分が免除

イ　滞納処分の財産の（⑬）した場合

ロ　不服申立てにより関税の徴収に関する処分の（⑨）をした場合

ハ　差押えをし、又は（⑯）を受けた場合

[空欄の答えは次ページにあります]

☞前ページ空欄の答え

　①法定納期限

　②附帯税

　③過大な払戻し

　④税額等に誤り

　⑤税関長

　⑥翌日

　⑦した日

　⑧発せられた日

　⑨執行停止

　⑩災害等の発生

　⑪交付要求

　⑫換価執行決定

　⑬換価を猶予

　⑭2月

　⑮特例延滞税額

　⑯担保の提供

《参照条文》
関税法12条

問題27
延滞税の計算における計算式と端数処理について説明せよ。

☞解答の指針
計算式と端数処理については過去問の計算問題を繰り返し解いて身体で覚えよう。

延滞税の計算

延滞税額 ＝ 関税額 × 延滞税率[※1] × 延滞日数 / 365[※2]

※1 関税法では延滞税率は年率7.3%である。ただし、納期限の翌日から２月を経過する日後の延滞税率は、14.6%と規定されている。しかしながら、こうした税率は現在の金利事情からみて高税率であるため、経過措置として以下のとおりとなる。

※2 うるう年においても１年は365日として計算される（利率等表示年利建法）。

7.3%部分……延滞税特例基準割合[※3] ＋年１％
（ただし、上記の税率が7.3%を超えるときには、7.3%が適用される。）

14.6%部分……延滞税特例基準割合 ＋年7.3%
（ただし、上記の税率が14.6%を超えるときには、14.6%が適用される。）

※3 延滞税特例基準割合：各年の前々年の９月から前年の８月までの各月の銀行の新規短期貸出約定金利の合計を12で割った「平均貸付割合」に１％を加えた割合のこと。なお、「平均貸付割合」は毎年11月30日までに財務大臣が告示する。

☞延滞税の計算パターン

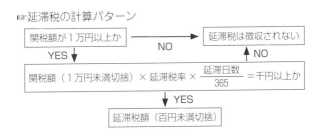

☞空欄穴埋め問題27

延滞税の計算式：

延滞税額 ＝ （①） × 延滞税率 × 延滞日数 / （②）

・納税義務者が、未納又は徴収に係る関税額の一部を納付したときは、その納付の日の（③）以後の期間に係る延滞税の額の計算の基礎となる関税額は、未納又は徴収に係る関税額からその一部納付に係る関税額を（④）した額となる（関税法12条2項）。

・延滞税の額の計算の基礎となる関税額が（⑤）である場合には、延滞税の納付を要しない。また、（⑤）の端数がある場合には（⑥）。

・算出された延滞税の額が（⑦）である場合には延滞税の納付を要しない。

・算出された延滞税の額に百円未満の端数がある場合には、これを（⑥）。

[空欄の答えは次ページにあります]

☞前ページ空欄の答え
　　①関税額
　　②365
　　③翌日
　　④控除
　　⑤１万円未満
　　⑥切り捨てる
　　⑦千円未満

《参照条文》
関税法12条

問題28

関税法12条の2に規定する過少申告加算税に関し、次の事項について説明せよ。

1. 過少申告加算税が課される場合(加重加算分を除く。)
2. 過少申告加算税が課されない場合
3. 過少申告加算税の計算上、納付すべき税額から控除すべき税額

☞解答の指針

過少申告加算税は、適法な納税義務者と違法な納税義務者の不公平を是正し、適正な納税申告を確保するために課す附帯税の一つである。

過少申告加算税とは、納税申告(当初申告)があった後、税関の調査により、当該申告が適正でないとして修正申告又は更正が行われた場合は、原則として、当該修正申告等により増加した新たに納付すべき税額の10%に相当する金額の税金をペナルティとして課すものである。

なお、多額の不正申告をした者については、原則としての過少申告加算税の上に、更なるペナルティとして5%の加重加算を課されることにもなる。

《調査通知日の翌日以降に修正申告等が行われた場合の過少申告加算税の割合》

> 当初納税申告の適正化と自主的な修正申告の履行を高める観点から、税関からの調査通知日の翌日以降、更正予知前に修正申告等が行われた場合は、5％の過少申告加算税が課される。

修正申告等により課されることとなる過少申告加算税の税率

当初納税申告（輸入許可）　　調査通知　　　　　更正予知　　　　調査終了手続

過少申告加算税：5％　　過少申告加算税：10％

> 注意：過少申告加算税の加重加算
> 　過少申告加算税の額については、修正申告等に基づき納付すべき関税等の額が当初申告に係る税額と50万円のいずれか多い金額を超えるときは、その超える部分に相当する額について5％の過少申告加算税が加算される。

☞空欄穴埋め問題28

1. 過少申告加算税が課される場合（加重加算分を除く。）

関税法7条1項（申告）の規定による申告（「当初申告」という。）があった場合において、修正申告又は更正がされたときは、当該納税義務者に対し、当該修正申告又は更正に基づき納付すべき税額に（①）の割合を乗じて計算した金額に相当する過少申告加算税を課する。

ただし、当該修正申告がその申告に係る関税についての（②）があったことにより当該関税について更正があるべきことを（③）してされたものでないときは、（④）の割合を乗じて計算した金額に相当する過少申告加算税を課する。

2. 過少申告加算税が課されない場合

過少申告加算税は、上記1の下線部の場合において、その申告に係る関税についての調査に係る関税法105条の2（輸入者に対する調査の事前通知等）において準用する国税通則法で規定する通知（「（⑤）」という。）がある前に行われたものであるときは、課されない。

3. 過少申告加算税の計算上、納付すべき税額から控除すべき税額

イ）上記1に規定する納付すべき税額の（⑥）となった事実のうちにその修正申告又は更正前の税額の（⑥）とされていなかったことについて（⑦）があると認められるものがある場合は、その（⑦）があると認められる事実に基づく税額を控除して、過少申告加算税を計算する。

ロ）上記1の修正申告又は更正前に当該修正申告又は更正に係る関税について当初申告により納付すべき税額を（⑧）させる更正（更正の請求に基づく更正を除く。）があった場合は、当該（⑨）に係る税額に達するまでの税額を控除して、過少申告加算税を計算する。

[空欄の答えは次ページにあります]

☞前ページ空欄の答え

①100分の10

②調査

③予知

④100分の5

⑤調査通知

⑥計算の基礎

⑦正当な理由

⑧減少

⑨当初申告

《参照条文》
関税法12条の2

問題29

　関税法12条の3に規定する無申告加算税に関し、次の事項について説明せよ。

1. 無申告加算税が課される場合（加重加算分を除く。）
2. 税関からの調査通知前に行う自主的な修正申告等に基づく無申告加算税
3. 無申告加算税が課されない場合
4. 繰り返して無申告又は仮装・隠ぺいが行われていた場合の加重措置

☞解答の指針

　無申告加算税は、本来であれば納税申告又は期限内に特例申告が必要であるにもかかわらず、納税申告又は特例申告書の期限内提出がされないため、税関長による決定の処分がされた場合において、ペナルティとして課される関税の附帯税の一つである。

《1　調査通知日の翌日以降に修正申告等が行われた場合の
無申告加算税の割合見直し》

> 当初納税申告の適正化と自主的な修正申告の履行を高
> める観点から、税関からの調査通知日の翌日以降、更正
> 予知前に修正申告等が行われた場合、無申告加算税が
> 10%課される。

修正申告等により課されることとなる無申告加算税の税率

当初納税申告	調査通知	更正予知	調査終了
無申告加算税：5%	無申告加算税：10%	無申告加算税：15%	

《2　無申告加算税の加重措置》

> 意図的に無申告を繰り返す悪質な行為を防止し、適正
> な納税申告の履行を確保する観点から、同一の税目につ
> いて過去5年以内に無申告加算税又は重加算税を課され
> たことがあるときは、その修正申告等に基づき課する無
> 申告加算税の割合を10%加算する。

**同一の税目について過去5年以内に無申告加算税又は
重加算税を課されたことがある輸入者（納税義務者）に課される
無申告加算税及び重加算税の税率**

無申告加算税	⇒	15%+10%
重加算税（過少申告）	⇒	35%+10%
重加算税（無申告）	⇒	40%+10%

☞空欄穴埋め問題29

1. 無申告加算税が課される場合（加重加算分を除く。）

　　次のイ又はロのいずれかに該当する場合には、当該納税義務者に対し、それぞれに規定する申告、決定又は更正に基づき関税法の規定により納付すべき税額に（①）の割合を乗じて計算した金額に相当する無申告加算税を課する。

　　ただし、(②) の提出又はロの修正申告が、その申告に係る関税についての (③) があったことにより当該関税について更正又は関税法７条の16第２項（更正及び決定）の規定による決定（「更正決定」という。）があるべきことを (④) してされたものでないときは、(⑤) の割合を乗じて計算した金額に相当する無申告加算税を課する。

　　イ　(②)の提出又は関税法７条の16第２項（更正及び決定）の規定による（⑥）がされた場合

　　ロ　上記イの場合において、その後に修正申告又は（⑦）がされた場合

2. 無申告加算税が課されない場合

　　当初申告が必要とされている貨物につきその（⑧）の時（特例申告にあっては、(⑨) の提出期限）までに当該申告がなかったことについて（⑩）があると認められる場合は、上記１の限りでない。

3. 繰返して無申告又は仮装・隠ぺいが行われた場合の加重措置

　　上記１の規定に該当する場合（上記１の下線部に該当する場合を除く。）において、その（②）の提出若しくは修正申告又は更正決定があった日の前日から起算して（⑪）の日までの間に、関税について、無申告加算税（上記１の下線部に該当する場合において課されたものを除く。）又は（⑫）を課されたことがあるときは、上記１の無申告加算税の額は、上記１の規定にかかわらず、上記１の規定により計算した金額に、上記１に規定する納付すべき税額に（⑤）の割合を乗じて計算した金額を加算した金額とする。

　　　　　　　　　　　[空欄の答えは次ページにあります]

☞前ページ空欄の答え
　①100分の15
　②期限後特例申告書
　③調査
　④予知
　⑤100分の10
　⑥決定
　⑦更正
　⑧輸入
　⑨特例申告書
　⑩正当な理由
　⑪５年前
　⑫重加算税

《参照条文》
関税法12条の3

問題30
　関税法７条の14に規定する修正申告に関し、次の事項に
ついて説明せよ。
　1．修正申告の意義
　2．修正申告をすることができる場合
　3．修正申告をすることができる期間

☞解答の指針
　修正申告をすることができるのは、⑴納税申告等により確
定している納付すべき税額に不足額があるとき、⑵納税申告
等により「納付すべき税額がない」とされた後に、納付すべ
き税額があることが判明したときの２つの場合だけである。
　したがって、納付すべき税額に不足額はないが、課税標準
に誤りがある場合又は納税申告等により納付すべき税額が過
大である場合にはすることができないので注意すること。
　なお、納付すべき税額が過大である場合には、更正の請求
によることになる。

☞修正申告の仕組み①

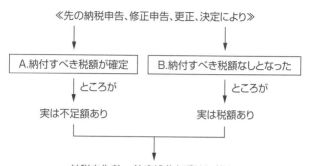

≪先の納税申告、修正申告、更正、決定により≫

A.納付すべき税額が確定	B.納付すべき税額なしとなった

ところが　　　　　　　　　　　　　　ところが

実は不足額あり　　　　　　　　　　実は税額あり

納税申告者or 決定処分を受けた者は、
課税標準or納付すべき税額を修正する申告ができる。

☞空欄穴埋め問題30

1. 修正申告の意義

　関税法７条１項の（①）をした者又は同法７条の16第２項の規定による（②）を受けた者が、当該（①）、更正又は（②）に係る（③）を修正する申告をいう。

2. 修正申告をすることができる場合

　次のいずれかに該当する場合には、修正申告をすることができる。

⑴　先にした納税申告（関税法７条１項の（①）又は（④）をいう。）、更正又は同法７条の16第２項の規定による（②）により納付すべき税額に（⑤）があるとき

⑵　先の納税申告、更正又は（②）により（⑥）がないこととされた場合において、その（⑥）があるとき

3. 修正申告をすることができる期間

　当該申告、更正又は決定について（⑦）があるまでの期間、修正申告をすることができる。

　　　　　　　　　[空欄の答えは次ページにあります]

☞前ページ空欄の答え
　①申告
　②決定
　③課税標準又は納付すべき税額
　④修正申告
　⑤不足額
　⑥納付すべき税額
　⑦更正

《参照条文》
関税法7条の14

問題31

　関税法７条の14に規定する修正申告に関し、次の事項について説明せよ。

　１．修正申告の手続

　２．修正申告の効力

☞解答の指針

　修正申告は、納税申告等をした税関長に対し修正申告書の提出により行うのが原則である。ただし、輸入許可前でかつ関税納付前に行う修正申告についてのみ、輸入（納税）申告書又は特例申告書に記載した税額等を補正するという簡略な方法をとることが認められている。

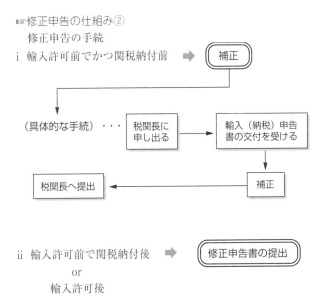

☞修正申告の仕組み②

修正申告の手続

ⅰ 輸入許可前でかつ関税納付前 ➡ 補正

（具体的な手続）・・・ 税関長に申し出る → 輸入（納税）申告書の交付を受ける

税関長へ提出 ← 補正

ⅱ 輸入許可前で関税納付後
　　　　or
　　輸入許可後 ➡ 修正申告書の提出

☞空欄穴埋め問題31

1. 修正申告の手続

(1)　修正申告は、次の(2)の場合を除き、次に掲げる事項を記載した（①）を当該修正申告に係る貨物に係る（②）に関する申告をした税関長（関税法7条の16第2項の規定による（③）に係る貨物についての修正申告をしようとする場合にあっては、当該（③）をした税関長）に提出して行う。

　　イ　当該修正申告に係る輸入申告書の（④）及び輸入申告の（⑤）（特例申告の場合は特例申告書の（④）及び当該申告書の（⑥））並びに当該貨物の記号、番号及び品名

　　ロ　当該修正申告前の当該貨物の（⑦）、課税標準、（⑧）及び（⑨）

　　ハ　当該修正申告後の当該貨物の所属区分、（⑩）、税率及び税額

　　ニ　当該修正申告により（⑪）

　　ホ　イからニに掲げるもののほか、輸入申告書又は特例申告書に記載すべきものとされている事項のうち修正すべき事項、その他（⑫）となるべき事項

(2)　納税申告に係る貨物の（⑬）でかつ（⑭）にする修正申告は、先の納税申告に係る書面に記載した税額等を（⑮）することにより行うことができる。

　　これにより修正申告を行う者は、（⑯）にその旨を申し出て当該納税申告に係る書面の（⑰）を受け、当該書面に記載した課税標準及び税額その他関係事項の（⑮）をし、これを（⑯）に提出しなければならない。

2. 修正申告の効力

　　修正申告の効力は、当該修正申告により確定した（⑱）についてのみ生じる。つまり、すでに確定している納付すべき税額に係る部分の関税についての納税義務に（⑲）ものではない。

[空欄の答えは次ページにあります]

☞前ページ空欄の答え
　①修正申告書
　②関税の納付
　③決定
　④番号
　⑤年月日
　⑥提出年月日
　⑦所属区分
　⑧税率
　⑨税額
　⑩課税標準
　⑪増加する税額
　⑫参考
　⑬輸入許可前
　⑭関税納付前
　⑮補正
　⑯税関長
　⑰交付
　⑱新たに納付すべき税額
　⑲影響を及ぼす

《参照条文》
関税法7条の14第2項、3項
関税法施行令4条の16
国税通則法20条

問題32

　関税法７条の15に規定する更正の請求に関し、次の事項について説明せよ。

1. 更正の請求の意義
2. 更正の請求をすることができる場合
3. 更正の請求をすることができる期間
4. TPP11協定による特例

☞解答の指針

　更正とは、納税申告された税額に誤りがある場合において、税関長が、その権限により正しい税額に修正することであり、税額が増加する増額更正と減少する減額更正に分かれる。更正は、輸入者が行うものではない点が重要である。

　また、輸入者（納税申告をした者）は、

(1) 税額等の計算が関税に関する法律の規定に従っていなかったこと

(2) 税額等の計算に誤りがあったこと

により納付すべき税額が過大である場合には、修正申告によりその税額を修正することはできないので、税関長に減額更正をするよう請求する。これが更正の請求である。

　更正の請求をすることができる期間は、①通常の場合、②特例申告の場合と③輸入許可前貨物の引取承認を受けた場合の３つに分けて理解すること。

　なお、TPP11においては、更正の請求ができる期間について関税法と異なる期間を関税暫定措置法で規定している。

☞更正の請求の仕組み①

i 修正申告と更正

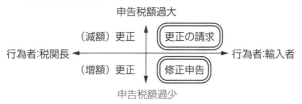

申告税額過大

（減額）更正　　　　　更正の請求

行為者:税関長 ←　　　　　　　　→ 行為者:輸入者

（増額）更正　　　　　修正申告

申告税額過少

ii 更正の請求ができる期間

イ）通常の場合

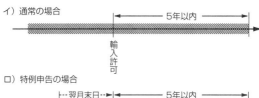

←――――― 5年以内 ―――――→

輸入許可

ロ）特例申告の場合

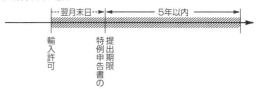

‥‥翌月末日‥‥ ←――― 5年以内 ―――→

輸入許可　　特例申告書の提出期限

注）特例申告書の提出期限については「特例申告」（問題23・P111）、又は「納期限の延長②」（問題36・P163）を参照のこと

ハ）輸入許可前貨物の引取承認の場合

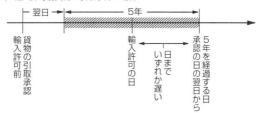

← 翌日 →　←――――― 5年 ―――――→

輸入許可前貨物の引取承認

輸入許可の日

いずれか遅い日まで

承認の日

5年を経過する日の翌日から

☞空欄穴埋め問題32

1. 更正の請求の意義

更正の請求とは、（①）が、一定の理由により、当該申告により納付すべき税額（当該税額に関し更正があった場合には、その更正後の税額）が（②）であることを知った場合に、税関長に対して（③）の請求をすることをいう。

2. 更正の請求をすることができる場合

（①）は、次のいずれかの理由により、当該申告により納付すべき税額（当該税額に関し更正があった場合には、その更正後の税額）が（②）である場合には、税関長に対し更正をすべき旨の請求をすることができる。

⑴　当該申告に係る（④）が関税に関する法律の規定に（⑤）こと

⑵　当該申告に係る（⑥）があったこと

3. 更正の請求をすることができる期間

更正の請求は、次のいずれかの期間内に限りすることができる。

⑴　納税申告に係る貨物の（⑦）があるまで、又はその輸入の許可の日（特例申告貨物については、特例申告書の提出期限）から（⑧）以内

⑵　輸入許可前における貨物の引取承認を受けた場合には、その（⑨）から起算して（⑧）を経過する日と（⑩）とのいずれか（⑪）までの間

4. TPP11協定による特例

環太平洋パートナーシップに関する包括的及び先進的な協定（TPP11協定）の規定に基づき当該協定の原産品とされる貨物に係る納税申告をした者は、当該貨物について当該協定に基づく（⑫）の便益の適用を受けていない場合、その適用を受けることにより当該納税申告に係る納付すべき税額が過大となるときは、当該貨物の（⑩）から（⑬）以内に限り、税関長に対し当該（⑭）について更正の請求をすることができる。

[空欄の答えは次ページにあります]

☞前ページ空欄の答え
　①納税申告をした者
　②過大
　③（減額）更正
　④税額等の計算
　⑤従っていなかった
　⑥税額等の計算に誤り
　⑦輸入の許可
　⑧５年
　⑨承認の日の翌日
　⑩輸入の許可の日
　⑪遅い日
　⑫関税の譲許
　⑬１年
　⑭納税申告に係る税額

《参照条文》
関税法７条の15第１項
関税暫定措置法12条の２

33 更正の請求②

重要度 Ⓐ

問題33

　関税法７条の15に規定する更正の請求に関し、次の事項について説明せよ。

　１．更正の請求の手続
　２．更正の請求に対して税関長が行う処分及びその手続

☞解答の指針

　更正の請求の手続は、原則として、更正請求書の提出により行われる。

　また、更正請求書が提出され更正の請求が行われると、税関長は、調査により、更正をするか、更正をすべき理由がない旨を請求者に通知することになる。更正を行った場合の手続としては、更正通知書の送付による場合と是正による場合とがある。是正によることができる場合は、(1) 輸入許可前、(2)関税納付前、(3)減額更正という３つの条件がそろった場合のみである。

　なお、更正請求書の提出先は、「納税申告等をした税関長」である。

☞更正の請求の仕組み②

　ⅰ　更正の請求の一連のながれ

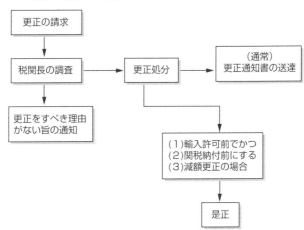

　ⅱ　是正

☞空欄穴埋め問題33

1. 更正の請求の手続

　　更正の請求は、次に掲げる事項を記載した（①）を当該更正の請求に係る貨物についての関税法7条の14第1項1号（修正申告）に規定する（②）をした税関長に提出して行う。

(1)　当該更正の請求に係る貨物の（③）及び輸入申告の（④）（特例申告の場合は特例申告書の（⑤）及び当該申告書の（⑥））並びに当該貨物の記号、番号及び品名

(2)　当該更正の請求前の当該貨物の（⑦）、課税標準、税率及び税額

(3)　当該更正の請求に係る更正後の当該貨物の所属区分、（⑧）、税率及び税額

(4)　当該（⑨）

(5)　(1)から(4)に掲げるもののほか、輸入申告書又は特例申告書に記載すべきものとされている事項のうち、修正すべき事項その他参考となるべき事項

2. 更正の請求に対して税関長が行う処分及びその手続

(1)　税関長は、更正の請求があった場合には、その請求に係る税額等について（⑩）し、（⑪）をし、又は（⑫）をその請求をした者に通知する。

(2)　更正は、税関長が当該更正に係る課税標準、当該更正により（⑬）その他政令で定める事項を記載した（⑭）を送達して行う。

　　ただし、納税申告に係る貨物の（⑮）前にする更正（当該貨物に係る（⑯）前にするもので税額等を（⑰）するものに限る。）は、これらの手続に代えて、（⑱）に当該納税申告に係る書面に記載した税額等を（⑲）させ、又はこれを（⑲）してその旨を当該（⑱）に（⑳）することによってすることができる。

[空欄の答えは次ページにあります]

☞前ページ空欄の答え
　①更正請求書
　②納税申告
　③輸入申告書の番号
　④年月日
　⑤番号
　⑥提出年月日
　⑦所属区分
　⑧課税標準
　⑨更正の請求をする理由
　⑩調査
　⑪更正
　⑫更正をすべき理由がない旨
　⑬納付すべき税額
　⑭更正通知書
　⑮輸入の許可
　⑯関税の納付
　⑰減額
　⑱納税申告をした者
　⑲是正
　⑳通知

　《参照条文》
　関税法7条の15第2項、7条の16第4項
　関税法施行令4条の17

34 輸入許可前貨物の引取り　重要度 特A

問題34

　関税法73条に規定する輸入の許可前における貨物の引取りに関し、次の事項について説明せよ。
1. 承認を受けるための手続
2. 承認を受けられない場合
3. 内国貨物とみなされる場合
4. 承認を受けた貨物に係る関税の納期限
5. 当該関税の法定納期限

☞解答の指針

　輸入許可前貨物の引取りの承認を受けるための手続として特に重要なことは、いわゆる絶対的担保の提供が必要なことである。なお、絶対的担保とは、必ず提供しなければならない担保のことである。

　輸入許可前貨物の引取りの承認を受けた貨物に係る関税の納期限は、関税法7条の17（輸入の許可前に引き取られた貨物に係る税額等の通知）に規定する通知書又は更正通知書が発せられた日の翌日から起算して1ヵ月を経過する日である。なお、関税法7条の17に規定する通知書とは、輸入許可前貨物の引取りの承認を受け、引き取られた貨物に係る納税申告額に誤りがない場合に送達されるもので、更正通知書とは、その納税申告額に誤りがあった場合に送達されるものである。

　更正の請求ができる期間については問題32（P147）を参照。

☞輸入許可前貨物の引取りの仕組み（一連のながれ）

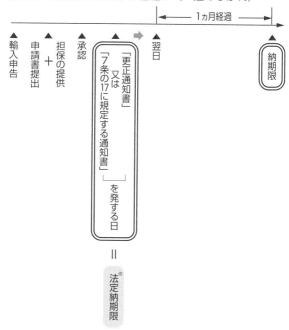

※ 「7条の17に規定する通知書」又は「更正通知書」を発
する日（法定納期限）の翌日から関税を完納する日までは、
延滞税の対象となる。
「輸入許可」は、関税納付後、受けることができる。

☞空欄穴埋め問題34

1. 承認を受けるための手続

　　外国貨物（（①）を除く。）を輸入申告の後輸入の許可前に引き取ろうとする者は、関税額（（②）及び一部の重加算税に相当する額を除く。）に相当する（③）を提供して税関長の承認を受けなければならない。

　　なお、承認を受けようとする者は、その承認を受けようとする貨物の記号、番号、品名、（④）及び輸入申告の（⑤）並びに当該承認を受けようとする（⑥）を記載した（⑦）を税関長に提出しなければならない。この場合において、当該輸入申告に係る貨物を（⑧）して引き取ろうとするときは、当該申請書にその旨を（⑨）しなければならない。

2. 承認を受けられない場合

　　（⑩）を与えることができない場合（関税法72条の規定による場合を除く。）においては、税関長は、承認をしてはならない。

3. 内国貨物とみなされる場合

　　当該承認を受けた外国貨物は、関税法の適用については、次の条文の適用を除くほか、内国貨物とみなす。

イ　4条（（⑪））
ロ　5条（（⑫））
ハ　72条（（⑬）と輸入の許可）
ニ　105条（税関職員の（⑭））
ホ　106条（特別の場合における税関長の（⑭））

4. 承認を受けた貨物に係る関税等の納期限

　　納税申告をした者は、当該承認を受けて引き取られた貨物に係る関税につき、関税法7条の17の書面に記載された申告に係る税額又は当該貨物の輸入の許可前にされた更正に係る更正通知書に記載された納付すべき税額を、これらの書類が（⑮）から起算して（⑯）を経過する日までに国に納付しなければならない。

5. 当該関税の法定納期限

　　当該関税に係る関税法7条の17の書類若しくは更正通知書又は納税告知書が（⑰）である。

[空欄の答えは次ページにあります]

☞前ページ空欄の答え

　①特例申告貨物

　②過少申告加算税

　③担保

　④数量

　⑤年月日

　⑥事由

　⑦申請書

　⑧分割

　⑨付記

　⑩輸入の許可

　⑪課税物件の確定の時期

　⑫適用法令

　⑬関税等の納付

　⑭権限

　⑮発せられた日の翌日

　⑯1月

　⑰発せられた日

《参照条文》

関税法9条2項3号、73条

関税法施行令63条

問題35

　関税法9条の2に規定する納期限を延長する場合の2つの方法、すなわち個別延長方式及び包括延長方式について説明するとともに、納期限を延長した場合の法定納期限についても説明せよ。

☞解答の指針

　個別延長方式とは、「申告納税方式が適用される貨物につき、輸入申告ごとに輸入申告書に記載された関税額について納期限の延長を認める方式」であり、包括延長方式とは、「申告納税方式が適用される貨物につき、ある特定月において輸入しようとする貨物の関税の合計額について納期限の延長を認める方式」である。

　そして、その手続としては、個別、包括いずれの場合でも(1)延長を受けたい旨の申請書の提出と(2)担保の提供が必要となる。

　納期限の延長が承認された場合、法定納期限も納期限とともに当該承認された期限まで延長される。よって、当該延長された期限までに関税を納めれば、輸入許可後であっても延滞税が徴収されることはない。

☞納期限の延長の仕組み

i 個別延長方式

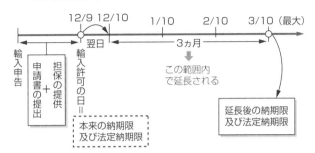

ii 包括延長方式

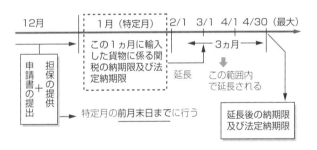

☞空欄穴埋め問題35

1. 個別延長方式

（①）が適用される貨物を輸入しようとする者が、関税法7条2項（申告）の規定による（②）を提出した場合において、関税を納付すべき期限（「納期限」という。）に関し、その延長を受けたい旨の（③）を同法7条2項の税関長に提出し、かつ、当該（②）に記載した関税額の（④）に相当する額の（⑤）を当該税関長に提供したときは、当該税関長は、当該関税額が当該提供された（⑤）の額を超えない範囲内において、その納期限を（⑥）以内に限り延長することができる。

2. 包括延長方式

（①）が適用される貨物（（⑦）を除く。）を輸入しようとする者が、その月（「特定月」という。）において輸入しようとする貨物に課されるべき関税の納期限に関し、特定月の（⑧）までにその延長を受けたい旨の（③）を当該貨物に係る（⑨）に関する申告をする税関長に提出し、かつ、当該貨物に係る関税額の（⑩）に相当する額の（⑤）を当該税関長に提供したときは、当該税関長は、特定月においてその者が輸入する貨物に係る関税については、特定月における関税額の累計額が当該提供された（⑤）の額を超えない範囲内において、その納期限を特定月の（⑪）から（⑥）以内に限り延長することができる。

3. 納期限を延長した場合の関税の法定納期限

上記の規定により納付すべき期限が延長された関税の法定納期限は、（⑫）である。

[空欄の答えは次ページにあります]

☞前ページ空欄の答え
　①申告納税方式
　②輸入申告書
　③申請書
　④全部又は一部
　⑤担保
　⑥3月
　⑦特例申告貨物
　⑧前月末日
　⑨関税の納付
　⑩合計額
　⑪末日の翌日
　⑫当該延長された期限

《参照条文》
関税法9条の2第1項、2項、12条9項2号

問題36

特例申告の納期限に関し、以下の事項について説明せよ。

1. 期限内特例申告書に記載された納付すべき税額の納期限
2. 期限後特例申告書に記載された納付すべき税額の納期限
3. 関税法9条の2（納期限の延長）に規定する特例申告の場合の納期限の延長
4. 納期限を延長した場合の関税の法定納期限

☞解答の指針

特例申告を行う場合は、特例申告貨物で、輸入許可を受けたものについて、特例申告書を作成し、当該許可の日の属する月の翌月末日（特例申告書の提出期限）までに当該輸入の許可をした税関長に提出しなければならない。（問題23・P111参照）

また、設問3は納期限の2つの延長方式⑴個別延長方式、⑵包括延長方式と並行させて、共通ポイントを押さえながら学習してみよう。なお、特例申告の納期限の延長期間は「2ヵ月」であることに注意しよう。

☞納期限の延長の仕組み

ⅰ 期限内特例申告の納期限

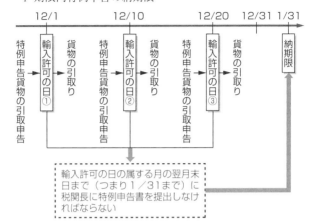

輸入許可の日の属する月の翌月末日まで（つまり１／31まで）に税関長に特例申告書を提出しなければならない

<u>特例申告を利用した場合、関税等の納付に関しては、１ヵ月分まとめて、翌月末日までに行えばよいというメリットがある。</u>（※なお、それぞれの輸入許可ごとに特例申告書を作成する必要はない。）

ⅱ 期限内特例申告の納期限の延長

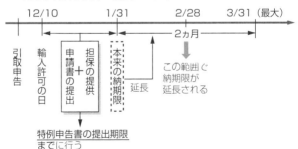

☞空欄穴埋め問題36

1. 期限内特例申告書に記載された納付すべき税額の納期限

（①）

2. 期限後特例申告書に記載された納付すべき税額の納期限

当該期限後特例申告書を（②）した日

3. 特例申告貨物に係る関税の納期限の延長

（③）が、（④）を提出した場合において、（④）に記載
された納付すべき税額に相当する関税を納付すべき期限に
関し、（①）までにその延長を受けたい旨の申請書を（⑤）
税関長に提出し、かつ、当該（④）に記載した関税額の（⑥）
に相当する額の（⑦）を当該税関長に提供したときは、当
該税関長は、当該関税額が当該提供された（⑦）の額を超
えない範囲内において、当該納付すべき期限を（⑧）以内
に限り延長することができる。

4. 納期限を延長した場合の関税の法定納期限

上記の規定により納付すべき期限が延長された関税の法
定納期限は、（⑨）である。

[空欄の答えは次ページにあります]

☞前ページ空欄の答え
　①特例申告書の提出期限（輸入の許可の日の属する月の翌
　　月末日）
　②提出
　③特例輸入者又は特例委託輸入者
　④期限内特例申告書
　⑤当該特例申告の許可をした
　⑥全部又は一部
　⑦担保
　⑧2月
　⑨当該延長された期限

《参照条文》
関税法9条2項1号、2号、9条の2第3項、12条9項2
号

問題37
　関税法8章に規定する不服申立てに関し、次の事項について説明せよ。
　1．再調査の請求
　2．審議会等への諮問

☞解答の指針
　関税法その他の関税に関する法律の規定による税関長の処分について不服があるときは、これらの処分を行った税関長に対して「再調査の請求」をすることができる。

　「再調査の請求」は、処分があったことを知った日の翌日から3ヵ月以内に再調査の請求書を、その処分をした税関長に提出することにより行う。なお、再調査の請求は選択制であるため、再調査の請求をすることなく、処分があったことを知った日の翌日から起算して3ヵ月以内に、財務大臣に対して審査請求することもできる。

注意：関税法の定めにない事項は、行政不服審査法が適用される。

《参考：行政不服審査法》

> （再調査の請求期間）
> 第54条　再調査の請求は、処分があったことを知った日
> 　の翌日から起算して3月を経過したときは、すること
> 　ができない。ただし、正当な理由があるときは、この
> 　限りでない。
> 2　再調査の請求は、処分があった日の翌日から起算し
> 　て1年を経過したときは、することができない。ただ
> 　し、正当な理由があるときは、この限りでない。

《不服申立て制度のフロー》

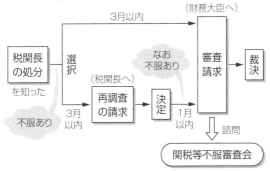

注意：3月とは「サンゲツ」と読み、3ヵ月のこと。1月は、
　　　同様に「イチゲツ」と読み、1ヵ月のこと。

☞空欄穴埋め問題37

1. 再調査の請求

(1)　関税法又は他の関税に関する法律の規定による税関長の処分に不服がある者は、（①）をすることができる。

(2)　関税法又は他の関税に関する法律の規定による税関職員の処分は、再調査の請求及び審議会等への諮問の規定の適用に関しては、（②）がした処分とみなす。

2. 関税等不服審査会への諮問

　関税法又は他の関税に関する法律の規定による財務大臣又は税関長の処分について審査請求があったときは、（③）は、審議会等で関税法施行令で定めるもの（関税等不服審査会）に諮問しなければならない。

　ただし、以下の事由のいずれかに該当する場合は、この限りではない。

イ　審査請求人から、その諮問を（④）しない旨の申出がされている場合（参加人から、当該諮問をしないことについて（⑤）する旨の申出がされている場合を除く。）

ロ　審査請求が（⑥）であり、（⑦）する場合

ハ　行政不服審査法46条1項（処分についての審査請求の認容）の規定により審査請求に係る処分（法令に基づく申請を却下し、又は棄却する処分及び事実上の行為を除く。）の全部を（⑧）こと又は同法47条1号若しくは2号（処分についての審査請求の認容）の規定により審査請求に係る事実上の行為の全部を（⑨）すべき旨を命じ、若しくは（⑨）することとする場合（当該処分の全部を（⑧）こと又は当該事実上の行為の全部を（⑨）すべき旨を命じ、若しくは（⑨）することについて（⑤）する旨の意見書が提出されている場合及び口頭意見陳述においてその旨の意見が述べられている場合を除く。）

ニ　行政不服審査法46条2項各号に定める（⑩）（法令に基づく申請の全部を認容すべき旨を命じ、又は認容するものに限る。）をとることとする場合（当該申請の全部を認容することについて（⑤）する旨の意見書が提出されている場合及び口頭意見陳述においてその旨の意見が述べられている場合を除く。）

[空欄の答えは次ページにあります]

☞前ページ空欄の答え

①再調査の請求

②当該職員の属する税関の税関長

③財務大臣

④希望

⑤反対

⑥不適法

⑦却下

⑧取り消す

⑨撤廃

⑩措置

《参照条文》

関税法89条、91条

問題38
　関税法8章に規定する不服申立てに関し、審査請求と訴訟との関係について説明せよ。

☞解答の指針
　前述のとおり、再調査の請求は選択制であるため、再調査の請求をすることなく、処分の通知を受けた日の翌日から起算して3ヵ月以内に、財務大臣に対して審査請求することもできる。審査請求は、審査請求書を提出することにより行う。
　また、再調査の請求についての決定があった場合において、当該決定を経た後の処分になお不服があるときは、当該再調査の請求についての決定があったことを知った日の翌日から起算して1ヵ月以内に財務大臣に対して審査請求することができる。

《参考：行政不服審査法》

（審査請求期間）
　第18条　処分についての審査請求は、処分があったことを知った日の翌日から起算して3月（当該処分について再調査の請求をしたときは、当該再調査の請求についての決定があったことを知った日の翌日から起算して1月）を経過したときは、することができない。ただし、正当な理由があるときは、この限りでない。

　財務大臣による裁決になお不服がある場合には、裁判所に当該裁決の取消しの訴えを提起することができるが、この訴えの期限は、原則として当該裁決があったことを知った日から起算して6ヵ月以内とされている（行政事件訴訟法14条）。

☞不服申立てと訴訟の関係

《原則》

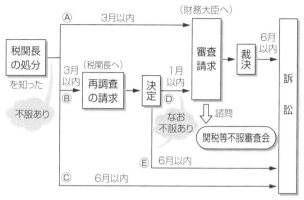

《例外：審査請求前置型》

①関税の確定若しくは徴収に関する処分又は滞納処分
②いわゆるわいせつ物品及び児童ポルノに該当する旨の通知

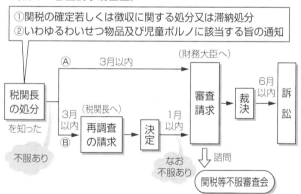

☞空欄穴埋め問題38

　次に掲げる処分又は通知の取消しの訴えは、当該処分又は通知についての（①）に対する（②）を経た後でなければ、（③）することができない。

イ　関税の（④）に関する処分又は（⑤）

ロ　関税法69条の２第３項（輸出してはならない貨物）又は69条の11第３項（輸入してはならない貨物）の規定による（⑥）

《関税法69条の２第３項》

　税関長は、輸出されようとする貨物のうちに関税法第69条の２第１項第２号に規定する「（⑦）」に該当すると認めるのに（⑧）がある貨物があるときは、当該貨物を輸出しようとする者に対し、その旨を（⑥）しなければならない。

《関税法69条の11第３項》

税関長は、輸入されようとする貨物のうちに関税法第69条の11第１項第７号に規定する「（⑨）を害すべき書籍、図画、彫刻物その他の物品」、第８号に規定する「（⑦）」に該当すると認めるのに（⑧）がある貨物があるときは、当該貨物を輸入しようとする者に対し、その旨を（⑥）しなければならない。

[空欄の答えは次ページにあります]

☞前ページ空欄の答え

① 審査請求

② 裁決

③ 提起

④ 確定若しくは徴収

⑤ 滞納処分

⑥ 通知

⑦ 児童ポルノ

⑧ 相当の理由

⑨ 公安又は風俗

《参照条文》
関税法93条

39 行政刑罰及び両罰規定　重要度 A

問題39
　関税法で定められている関税に関する法律に違反した場合の行政刑罰及び両罰規定について説明せよ。

☞解答の指針
　関税法では、輸入してはならない貨物を輸入した場合や無許可で輸出した場合など関税に関する法律に違反して犯罪を犯した者に対して刑罰を科すこととしている。

　たとえば、関税法67条の申告又は検査に際して、重大な過失により偽った申告をして偽った書類を税関長に提出し、貨物を輸出入した者については、5年以下の懲役若しくは5百万円以下の罰金が科される。

　また、実際に犯罪行為をした者のみならず、その者の使用者である法人をも罰する両罰規定もある。

☞行政刑罰がされる場合—「関税法109条（輸入してはならない貨物を輸入する罪）の例」

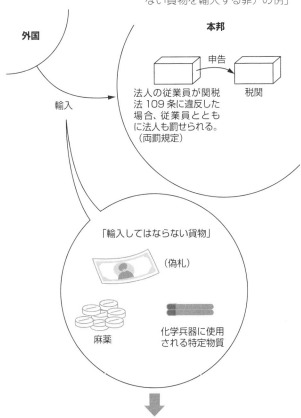

従業員のみならず、従業員の使用者である
法人に対しても行政刑罰がされる。

☞空欄穴埋め問題39

(1) 関税法で規定する罰則の中で、最も重い罰則とされているものは、「（①）以下の懲役若しくは（②）以下の罰金に処し、又はこれを併科する」という規定であり、下記に掲げる罪をした者が対象になる。

イ 関税法69条の２第１項１号（輸出してはならない貨物）に掲げる貨物を輸出した者（本邦から外国に向けて行う外国貨物（（③）を除く。）の（④）をした者を含む。）

ロ 関税法69条の11第１項１号から第６号まで（輸入してはならない貨物）に掲げる貨物を輸入した者

(2) 上記犯罪の実行に（⑤）者についても、上記と同様の罰則の対象になる。

(3) 上記犯罪を犯す目的をもってその（⑥）をした者は、（⑦）以下の懲役若しくは（②）以下の罰金に処し、又はこれを併科する。

(4) さらに、法人の代表者又は法人若しくは人の代理人、使用人その他の従業者がその法人又は人の業務又は財産について、上記の罪をしたときは、その（⑧）を罰するほか、その法人又は人に対して同様の（⑨）を科する。

[空欄の答えは次ページにあります]

☞前ページ空欄の答え
　①10年
　②３千万円
　③仮に陸揚げされた貨物
　④積戻し
　⑤着手してこれを遂げない
　⑥予備
　⑦５年
　⑧行為者
　⑨罰金刑

〈参考〉
　【両罰規定の対象となる罪】
　ア）輸出してはならない貨物を輸出する罪（関税法108条
　　の４）
　イ）輸入してはならない貨物を輸入する罪（関税法109条）
　ウ）輸入してはならない貨物を保税地域に置くなどの罪
　　（関税法109条の２）
　エ）関税を免れるなどの罪（関税法110条）
　オ）許可を受けないで輸出入する罪（関税法111条）
　カ）密輸貨物の運搬などをする罪（関税法112条）
　キ）用途外に使用するなどの罪（関税法112条の２）
　ク）特例申告書を提出期限までに提出しない罪（関税法
　　113条の２）
　ケ）報告を怠ったなどの罪（関税法114条の２）
　コ）帳簿の記載を怠ったなどの罪（関税法115条の２）
　などである。

　《参照条文》
　関税法108条の４、109条、117条

問題40

　納税申告等に係る事前照会（教示制度）について説明せよ。

☞解答の指針

　税関は、納税義務者その他の関係者から申告納税方式が適用される貨物の輸入申告について必要な輸入貨物に係る関税定率表別表（関税率表）の適用上の所属、税率、課税標準等の教示を求められたときは、その適切な教示を行う努力義務がある（関税法7条3項）。なお、輸出貨物については、教示の対象にはなっていない。

事前照会の方法：

　①口頭

　②インターネット

　③文書

　④ NACCS

　回答については、①・②と③・④の場合を分けて理解し、混同しないように注意しよう。

・③により文書で回答→回答の交付又は送達のあった日から3年間は、輸入申告の審査上尊重される（関税法基本通達）。

・④ NACCS による事前教示→文書による事前教示と同様な取扱いとなる。

・文書への回答について再検討を希望→回答の交付又は送達を受けた日の翌日から起算して2月以内に申出書を当該回答を行った税関に提出（関税法基本通達）。

・①・②の場合の回答については必ずしも尊重されるものではない。また、その回答内容について、再検討を希望する意見の申出はできない（関税法基本通達）。

☞事前照会ができない場合（関税法基本通達）
　　①照会者が貨物の輸出入者及びその代理人、若しくは、当
　　　該貨物の製法・性状等を把握している利害関係者及びそ
　　　の代理人ではない場合
　　②照会貨物が架空の貨物である場合
　　③事前照会を行っている者や利害関係者が、照会に係る貨
　　　物について不服申立て又は訴訟中であるなど争っている
　　　場合
　　④輸入申告中の貨物である場合
　　⑤税関から補足説明や追加資料の提出を求められたにもか
　　　かわらず、応じることができない場合

☞回答内容の公開
　　回答後、原則として税関ホームページ等を利用して輸入者
　等一般の閲覧が可能。
　　照会者から一定期間内（180日を超えない期間内）につき
　公開しないことを求める申出があったもの→当該申出に係る
　期間後に公開

☞不開示情報に該当する場合
　　「行政機関の保有する情報の公開に関する法律」に定める
　不開示情報に該当する場合には、事前照会があっても開示さ
　れない。

☞空欄穴埋め問題40

　事前照会は、（①）される具体的な貨物について行うことができ、その方法は、「口頭で行う」「インターネットを使用して行う」「（②）で行う」「事前にシステム導入を行いNACCSにより行う」という4つの方法がある。

　これらのうち、（②）により事前照会を行い、（②）で回答があったものについては、その交付又は送達のあった日（再交付し、又は再送達したものにあっては、その当初の回答書の発出日）から（③）は、輸入申告の審査上、（④）。

　この取扱いは、NACCSにより行った場合にも適用される。しかしながら、口頭やインターネットでの回答については、輸入申告の審査上、（⑤）。

　また、（②）で回答があったものについて、事前照会をした者が（⑥）を希望する場合は、回答の交付又は送達を受けた日の翌日から（⑦）に意見の申出を行うことができる。

　ところで、照会に係る貨物の内容及び回答の内容は、原則として公開される。しかし、公開されることにより照会者が不利益を被ることがある。このような事態を避けるため、照会者は、（⑧）を超えない期間内において公開をしないことを申し出ることができる。

　なお、次の場合は教示の求めを行うことができない。

イ　照会者が貨物の輸出入者及びその代理人、若しくは、当該貨物の製法・性状等を把握している利害関係者及びその代理人ではない場合

ロ　照会貨物が（⑨）である場合

ハ　事前照会を行っている者や利害関係者が、照会に係る貨物について（⑩）であるなど争っている場合

ニ　（⑪）の貨物である場合

ホ　税関から補足説明や追加資料の提出を求められたにもかかわらず、応じることができない場合

[空欄の答えは次ページにあります]

☞前ページ空欄の答え

①輸入
②文書
③3年間
④尊重される
⑤尊重されない
⑥再検討
⑦2月以内
⑧180日
⑨架空の貨物
⑩不服申立て又は訴訟中
⑪輸入申告中

《参照条文》
関税法7条3項
関税法基本通達

第 2 章

関税定率法
関税暫定措置法
外国為替及び
外国貿易法等

問題41

関税定率法4条に規定する課税価格の決定の原則に関し、次の事項について説明せよ。
・課税価格、現実支払価格及び取引価格の、相互の関係

☞解答の指針

輸入貨物の取引価格をその輸入貨物の課税価格とする計算方法が、原則的な課税価格の計算方法であり、実際にほとんどの輸入貨物の課税価格がこの方法によることになる。

ここで、輸入貨物の「取引価格」とは、その輸入貨物に係る輸入取引がされた場合において、その輸入取引に関し買手により売手に対し又は売手のために、その輸入貨物について現実に支払われた又は支払われるべき価格（これを「現実支払価格」という。）に、運賃等の限定列挙された費用（これを「加算費用」という。）の額を加えた価格をいう。

☞課税価格の決定の原則の仕組み①

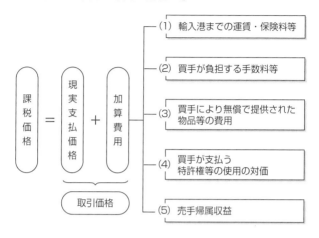

注意:
・加算費用は、現実支払価格に含まれていない限度において、加えるべき費用等である。
・加算費用(2)～(4)は、買手により負担され、提供され、又は支払われるものである。これらが売手により負担等がなされている場合は、すでに貨物の課税価格の中に含まれているのが通常である。

☞空欄穴埋め問題41

　輸入貨物の課税標準となる価格（「課税価格」という。）は、原則として、当該輸入貨物に係る　（①）　（買手が　（②）　に住所、居所、本店、支店、事務所、事業所その他これらに準ずるものを有しない者であるものを除く。）　がされた場合において、当該　（①）　に関し買手により売手に対し又は売手のために、当該輸入貨物につき現実に支払われた又は支払われるべき価格（輸出国において輸出の際に　（③）　を受けるべき関税その他の　（④）　を除くものとする。）に、その含まれていない限度において次に掲げる運賃等の額を加えた価格（以下「（⑤）」という。）とする。

(1)　当該輸入貨物が輸入港に到着するまでの運送に要する　（⑥）　その他当該運送に関連する費用

(2)　当該輸入貨物に係る　（①）　に関し買手により負担される手数料又は費用のうち次に掲げるもの

　　イ　（⑦）　その他の手数料（ただし　（⑧）　に関し当該買手を代理する者に対し、当該　（⑧）　に係る業務の対価として支払われるものを除く。）

　　ロ　当該輸入貨物の　（⑨）　（当該輸入貨物の通常の　（⑨）　と同一の　（⑩）　を有するものに限る。）の費用

　　ハ　当該輸入貨物の　（⑪）　に要する費用

(3)　当該輸入貨物の生産及び輸入取引に関連して、買手により　（⑫）　で又は値引きをして直接又は間接に提供された物品又は　（⑬）　のうち次に掲げるものに要する費用

　　イ　当該輸入貨物に組み込まれている　（⑭）　又はこれらに類するもの

　　ロ　当該輸入貨物の生産のために使用された　（⑮）　又はこれらに類するもの

　　ハ　当該輸入貨物の生産の過程で　（⑯）　された物品

　　ニ　（⑰）　その他当該輸入貨物の生産に関する　（⑬）　で政令で定めるもの

(4)　当該輸入貨物に係る特許権等（当該輸入貨物を本邦において　（⑱）　を除く。）で政令で定めるものの使用に伴う対価で、当該輸入貨物に係る　（⑲）　その他の事情からみて当該輸入貨物の　（①）　をするために買手により直接又は間接に支払われるもの

(5)　買手による当該輸入貨物の　（⑳）　で直接又は間接に売手に帰属するものとされているもの

[空欄の答えは次ページにあります]

1 課税価格の決定の原則①　チェック欄

☞前ページ空欄の答え

①輸入取引
②本邦
③軽減又は払戻し
④公課
⑤取引価格
⑥運賃、保険料
⑦仲介料
⑧買付け
⑨容器
⑩種類及び価値
⑪包装
⑫無償
⑬役務
⑭材料、部分品
⑮工具、鋳型
⑯消費
⑰技術、設計
⑱複製する権利
⑲取引の状況
⑳処分又は使用による収益

《参照条文》
関税定率法4条

問題42

　関税定率法４条に規定する課税価格の決定の原則に関し、次の事項について説明せよ。
・現実支払価格と現実支払価格に含めない費用等

☞解答の指針

　「現実支払価格」とは、<u>当該輸入貨物につき、買手により売手に対し又は売手のために行われた又は行われるべき支払の総額をいう。</u>

　したがって、売手の債務の弁済等の間接的な支払の額を含むことになるため、当該輸入貨物の輸入取引をするために、買手が売手の負っている債務を弁済するために第三者に対して、現実に支払った又は支払うべき額は「現実支払価格」に含まれることになる。

　ただし、その輸入貨物の輸入取引をするために買手により支払われるものであっても、輸入貨物の輸入港到着後の運送に要する運賃等、「現実支払価格」に含まないこととされている費用等が規定されているため注意すること。

☞課税価格の決定の原則の仕組み②

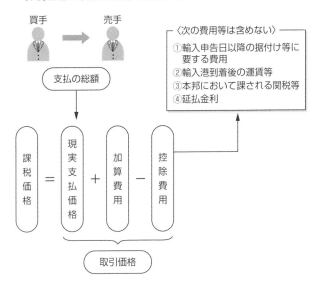

注意：「現実支払価格」は必ずしも輸入貨物の仕入書価格と
　　　一致するものではないことに注意したい。

☞空欄穴埋め問題42

　関税定率法4条1項（課税価格の決定の原則）に規定する「買手により売手に対し又は売手のために輸入貨物につき現実に支払われた又は支払われるべき価格」は、当該輸入貨物につき、買手により売手に対し又は売手のために行われた又は行われるべき（①）（買手により売手のために行われた又は行われるべき当該売手の（②）その他の間接的な支払の額を含む。）とし、次に掲げる費用等の額は含まないものとする。

　ただし、当該輸入貨物につき、次に掲げる費用等でその額を（③）ができないものがあることにより当該（③）ができない費用等の額を（④）ものとしてでなければ当該（①）を把握することができない場合においては、当該（③）ができない費用等の額を（④）当該（①）とする。

（1）　当該輸入貨物の（⑤）の時の属する日以後に行われる当該輸入貨物に係る（⑥）に要する役務の費用
（2）　当該輸入貨物の（⑦）到着後の運送に要する（⑧）その他当該運送に関連する費用
（3）　本邦において当該輸入貨物に課される（⑨）
（4）　当該輸入貨物に係る輸入取引が（⑩）条件付取引である場合における（⑩）金利

[空欄の答えは次ページにあります]

☞前ページ空欄の答え
　①支払の総額
　②債務の全部又は一部の弁済
　③明らかにすること
　④含んだ
　⑤輸入申告
　⑥据付け、組立て、整備又は技術指導
　⑦輸入港
　⑧運賃、保険料
　⑨関税その他の公課
　⑩延払

《参照条文》
関税定率法施行令1条の4

問題43

関税定率法4条の3第1項に規定する国内販売価格に基づく課税価格の決定について説明せよ。

☞解答の指針

まず最初に、「国内販売価格に基づく課税価格の決定」の規定により課税価格を計算するためには、「関税定率法4条（課税価格の決定の原則）及び同法4条の2（同種又は類似の貨物に係る取引価格による課税価格の決定）の規定により輸入貨物の課税価格を計算することができない場合」に該当することが大前提である。

さらに、ここでいう「国内販売価格」とは、「当該輸入貨物の生産国で生産された貨物」に係る国内販売価格に限定される点や、設問のケース2（加工品の国内販売価格に基づく課税価格の決定）の適用については、「ケース1の原則規定を適用することができない場合で、かつ、当該輸入貨物を輸入しようとする者がケース2の規定の適用を希望する旨を税関長に申し出た場合」に限定される点等、様々な限定要件をクリアした上で、はじめて適用を受けることができる計算方法であることに注意して学習すること。

☞国内販売価格に基づく課税価格の決定

「国内販売価格」：国内における最初の取引段階における販売に係る単価に基づいて計算された価格

Q：もし、この販売が複数あり、その単価が異なるときは、どの単価を選ぶのか？

A：異なる単価ごとの販売に係る数量が最大である販売に係る単価

《例題1：販売数量に応じて異なる価格で販売される場合》

1回の販売数量	単価	販売回数	各単価での総販売数量
1～10単位	100	5単位 ×10回 3単位 ×5回	65単位
11～25単位	95	11単位 ×5回	55単位
26単位以上	90	30単位 ×1回 50単位 ×1回	80単位

⇒ この場合における「国内販売価格」は、単価90による価格

《例題2：種々の価格で種々の数量が販売される場合》

販売	単価	販売数量
1回目	100	40単位
2回目	90	30単位
3回目	100	5単位
4回目	95	50単位
5回目	90	30単位

単価	各単価での総販売数量
100	45単位
95	50単位
90	60単位

⇒ この場合における「国内販売価格」は、単価90による価格

☞空欄穴埋め問題43

　当該輸入貨物の国内販売価格又は当該輸入貨物と同種若しくは類似の貨物（当該輸入貨物の（①）で生産されたものに限る。）に係る国内販売価格があるときは、当該輸入貨物の課税価格は、以下のケースに準じて決定される。

【ケース1】その輸入申告の時(＝課税物件確定の時)における（②）により、当該輸入貨物の課税物件確定の時の属する日又はこれに近接する期間内に国内における売手と（③）のない買手に対し国内において販売された当該輸入貨物又はこれと同種若しくは類似の貨物に係る国内販売価格がある場合
⇒　当該国内販売価格から次に掲げる（④）等の額を控除して得られる価格を課税価格とする。

イ　当該輸入貨物と（⑤）の貨物で輸入されたものの国内における販売に係る通常の（④）又は（⑥）及び一般経費
ロ　当該国内において販売された輸入貨物又はこれと同種若しくは類似の貨物に係る（⑦）国内において販売するまでの運送に要する（⑧）その他当該運送に関連する費用
ハ　当該国内において販売された輸入貨物又はこれと同種若しくは類似の貨物に係る本邦において課された（⑨）

【ケース2】課税物件確定の時の属する日後（⑩）の上、国内における売手と（③）のない買手に対し国内において販売された当該輸入貨物の国内販売価格がある場合
⇒　当該国内販売価格から当該（⑩）により付加された価額及び上記ケース1のイからハまでに掲げる（④）等の額を控除して得られる価格

※ただし、ケース2の適用については、ケース1の規定を適用することができない場合で、かつ、当該輸入貨物を輸入しようとする者がケース2の規定の適用を希望する旨を税関長に申し出た場合に限られる。

[空欄の答えは次ページにあります]

☞前ページ空欄の答え
　①生産国
　②性質及び形状
　③特殊関係
　④手数料
　⑤同類※
　⑥利潤
　⑦輸入港到着後
　⑧通常の運賃、保険料
　⑨関税その他の公課
　⑩加工

※　「当該輸入貨物と同類の貨物」とは、「同一の産業部門において生産された当該輸入貨物と同一の範疇に属する貨物」をいう。

《参照条文》
関税定率法4条の3第1項

問題44
　関税定率法4条の3第2項に規定する製造原価に基づく
課税価格の決定について説明せよ。

☞解答の指針
　「製造原価に基づく課税価格の決定」の規定により課税価格を計算するためには、「関税定率法4条の3第1項（国内販売価格に基づく課税価格の決定）の規定により当該輸入貨物の課税価格を計算することができない場合」に該当することが前提であるとされているが、当該貨物の輸入者の希望次第では、国内販売価格に基づく課税価格の決定に優先して、製造原価に基づく課税価格の決定の規定により当該輸入貨物の課税価格を計算することができるという特例規定が設けられている。

　ただし、製造原価に基づく課税価格の計算は、「輸入貨物の製造原価を確認することができる場合であって、当該輸入貨物を輸入しようとする者と当該輸入貨物の生産者との間の当該輸入貨物に係る取引に基づき当該輸入貨物が本邦に到着することとなる場合」に限られる。

☞製造原価に基づく課税価格の決定

Q：「製造原価」には、以下の費用は含まれるか？

　① 当該輸入貨物の容器及び包装の費用（関税定率法4条
　　 1項2号）

　② 当該輸入貨物の生産に関連して、買手により無償で直
　　 接に提供された材料、部分品の費用

　③ 当該輸入貨物の生産に関連して、買手により無償で間
　　 接に提供された技術、設計に要する費用

A：①、②、③　すべて含まれる。

> 　「製造原価」には、関税定率法4条1項2号ロ及びハに
> 掲げる容器及び包装の費用並びに同項3号に掲げる物品及
> び役務の費用を含む（関税定率法基本通達より）。

☞空欄穴埋め問題44

1. 製造原価に基づく課税価格の計算が認められる場合

関税定率法4条の3第1項(国内販売価格に基づく課税価格の決定)の規定により当該輸入貨物の課税価格を計算することができない場合において、当該輸入貨物の製造原価を(①)することができるときで、かつ、当該輸入貨物を輸入しようとする者と当該輸入貨物の(②)との間の当該輸入貨物に係る(③)に基づき当該輸入貨物が(④)こととなる場合

※ただし、当該輸入貨物を輸入しようとする者が(⑤)する旨を税関長に(⑥)ときは、関税定率法4条の3第1項(国内販売価格に基づく課税価格の決定)の規定に先立って製造原価に基づく課税価格の計算の規定により当該輸入貨物の課税価格を計算することができる。

2. 製造原価に基づく課税価格の計算方法

当該輸入貨物の課税価格は、当該輸入貨物の製造原価に当該輸入貨物の(⑦)で生産された当該輸入貨物と(⑧)の貨物の(⑨)のための販売に係る通常の(⑩)並びに当該輸入貨物の輸入港までの(⑪)等の額を加えた価格とする。

[空欄の答えは次ページにあります]

☞前ページ空欄の答え
　①確認
　②生産者
　③取引
　④本邦に到着する
　⑤希望
　⑥申し出た
　⑦生産国
　⑧同類※
　⑨本邦への輸出
　⑩利潤及び一般経費
　⑪運賃

※　「当該輸入貨物と同類の貨物」とは、「同一の産業部門において生産された当該輸入貨物と同一の範疇に属する貨物」をいう。

《参照条文》
関税定率法４条の３第２項、３項

> 問題45
>
> 　関税定率法7条に規定する相殺関税に関し、次の事項について簡単に説明せよ。
> 1．発動要件
> 2．相殺関税の額
> 3．相殺関税を課することを求める手続
> 4．調査の期間

☞解答の指針

　関税定率法に定められている特殊関税のうち、この相殺関税、不当廉売関税及び緊急関税については、ほぼ毎年出題されている。

　相殺関税制度は、外国で生産等について補助金等の交付を受けてその分価格が低下して市場競争力が高まった貨物が輸入され、その貨物の輸入が本邦の産業に損害を与え、若しくは与えるおそれがある場合には、通常の関税のほかに、その補助金の額と同額以下の関税（相殺関税）を課することにより、市場競争力を低下させてバランスをとり、国内産業を保護しようとするものである。

☞相殺関税の仕組み

〈相殺関税が課されるまで〉

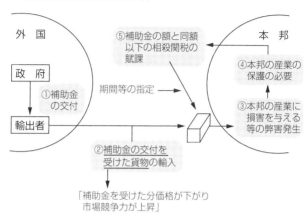

外 国

政 府

①補助金
の交付

期間等の指定 →

輸出者

②補助金の交付を
受けた貨物の輸入

「補助金を受けた分価格が下がり
市場競争力が上昇」

⑤補助金の額と同額
以下の相殺関税の
賦課

本 邦

④本邦の産業の
保護の必要

③本邦の産業に
損害を与える
等の弊害発生

☞空欄穴埋め問題45

1. 発動要件

外国において生産又は輸出について直接又は間接に（①）（（②）を含む。）の交付を受けた貨物の輸入が、本邦の産業に（③）を与え、若しくは与えるおそれがあり、又は（④）を実質的に妨げる事実がある場合において、当該（⑤）するため必要があると認められるときは、相殺関税を課することができる。

2. 相殺関税の額

交付を受けた（①）の額と同額以下の額である。

3. 相殺関税を課することを求める手続

補助金の交付を受けた輸入貨物と同種の貨物を生産している本邦の産業に（⑥）が、当該貨物の品名、銘柄等一定の事項を記載した書面に、補助金の交付を受けた貨物の（⑦）及び当該輸入の本邦の産業に与える実質的な損害等の事実についての（⑧）を添えて、これを（⑨）に提出することにより行う。

4. 調査の期間

政府は、３の求めがあった場合その他補助金の交付を受けた貨物の（⑦）及び当該輸入の本邦の産業に与える実質的な損害等の事実についての（⑩）がある場合において、（⑪）と認めるときは、これらの（⑫）につき調査を行う。この場合、調査は、当該（⑬）から（⑭）以内に終了するものとする。ただし、特別の理由により必要があると認められる場合には、その期間を（⑮）以内に限り延長することができる。

[空欄の答えは次ページにあります]

☞前ページ空欄の答え
①補助金
②奨励金
③実質的な損害
④本邦の産業の確立
⑤本邦の産業を保護
⑥利害関係を有する者
⑦輸入の事実
⑧十分な証拠
⑨財務大臣
⑩十分な証拠
⑪必要がある
⑫事実の有無
⑬調査を開始した日
⑭1年
⑮6月

《参照条文》
関税定率法7条

6 不当廉売関税

重要度 特A

問題46

関税定率法8条に規定する不当廉売関税に関し、次の事項について簡単に説明せよ。

1. 不当廉売の定義
2. 発動要件
3. 不当廉売関税の額
4. 不当廉売関税を課することを求める手続
5. 調査の期間

☞解答の指針

不当廉売関税とは、不当廉売（ダンピング）された輸入貨物に対し、同種の貨物を生産する国内産業を保護するために課する割増関税である。

①正常価格より低い価格で輸出のため販売する不当廉売が行われていること

②この不当廉売により、本邦の産業に実質的な損害を与え、若しくは与えるおそれがあり、又は本邦の産業の確立を実質的に妨げる事実があること

③本邦の産業を保護するため必要があると認められること

これらの要件に該当する場合には、通常の関税のほかに、正常価格と不当廉売価格との差額に相当する額（不当廉売差額）と同額以下の関税（不当廉売関税）を課することができる。

☞不当廉売関税の仕組み
〈不当廉売関税が課されるまで〉

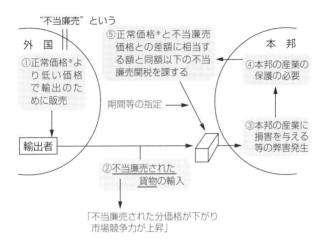

※正常価格：輸出国における消費に向けられる当該貨物と
　　　　　同種の貨物の通常の商取引における価格

☞空欄穴埋め問題46

1.「不当廉売」の定義

　「不当廉売」とは、貨物を、（①）における（②）に向けられる当該貨物と（③）の貨物の通常の商取引における価格その他これに準ずるものとして政令で定める価格（以下「正常価格」という。）より（④）で輸出のために販売することをいう。

2. 発動要件

　（⑤）された貨物の輸入が、その貨物と同種の貨物を生産している本邦の産業に（⑥）を与え、若しくは与えるおそれがあり、又は（⑦）を実質的に妨げる事実がある場合において、当該（⑧）するため必要があると認めるときは不当廉売関税を課することができる。

3. 不当廉売関税の額

　当該貨物の（⑨）と（⑩）との差額に相当する額と（⑪）の額である。

4. 不当廉売関税を課することを求める手続

　不当廉売された輸入貨物と同種の貨物を生産している本邦の産業に（⑫）が、当該貨物の品名、銘柄等の事項を記載した書面に、不当廉売された貨物の（⑬）及び当該輸入の本邦の産業に与える実質的な損害等の事実についての（⑭）を添えて、これを（⑮）に提出することにより行う。

5. 調査の期間

　政府は、4の求めがあった場合その他不当廉売された貨物の（⑯）及び当該輸入の本邦の産業に与える実質的な損害等の事実についての（⑭）がある場合において、（⑰）と認めるときは、これらの（⑱）につき調査を行う。

　この場合、調査は、当該（⑲）から（⑳）以内に終了するものとする。ただし、特別の理由により必要があると認められる場合には、その期間を（㉑）以内に限り延長することができる。

[空欄の答えは次ページにあります]

☞前ページ空欄の答え

①輸出国

②消費

③同種

④低い価格

⑤不当廉売

⑥実質的な損害

⑦本邦の産業の確立

⑧本邦の産業を保護

⑨正常価格

⑩不当廉売価格

⑪同額以下

⑫利害関係を有する者

⑬輸入の事実

⑭十分な証拠

⑮財務大臣

⑯輸入の事実

⑰必要がある

⑱事実の有無

⑲調査を開始した日

⑳1年

㉑6月

《参照条文》
関税定率法8条

問題47

　関税定率法９条に規定する緊急関税に関し、次の事項について説明せよ。
　　1. 発動要件
　　2. 課税限度

☞解答の指針

　緊急関税制度は、外国における価格の低落その他予想されなかった事情の変化により価格の安い特定の貨物の輸入が増加し、その輸入が本邦の産業に重大な損害を与え、又は与えるおそれがある場合に、通常の関税のほか、輸入貨物の課税価格と同種又は類似の貨物の国内卸売価格との差額から通常の関税の額を控除した額以下の関税（緊急関税）を課することにより、国内産業を保護しようというものである。

☞緊急関税の仕組み

〈緊急関税が課されるまで〉

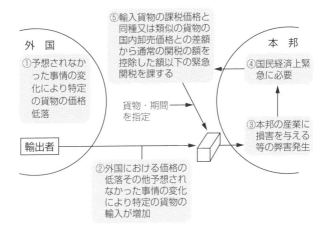

⑤輸入貨物の課税価格と同種又は類似の貨物の国内卸売価格との差額から通常の関税の額を控除した額以下の緊急関税を課する

外　国

①予想されなかった事情の変化により特定の貨物の価格低落

本　邦

④国民経済上緊急に必要

貨物・期間を指定

③本邦の産業に損害を与える等の弊害発生

輸出者

②外国における価格の低落その他予想されなかった事情の変化により特定の貨物の輸入が増加

注) ただし、<u>輸入少量途上国産品</u>は除かれる。

☞空欄穴埋め問題47

1. 緊急関税の発動要件

　緊急関税は、外国における（①）その他予想されなかった事情の変化による特定の種類の貨物の輸入の増加（本邦の（②）に対する比率の増加を含む。）の事実があり、当該貨物の輸入が、これと同種の貨物その他用途が（③）する貨物の生産に関する（④）に重大な損害を与え、又は与えるおそれがある事実がある場合において、（⑤）緊急に必要があると認められるときに、政令で定めるところにより、（⑥）及び（⑦）を指定して当該貨物に課することのできる関税である。ただし、指定しようとする貨物のうちに、経済が開発の途上にある（⑧）の加盟国を（⑨）とし、その輸入量が本邦の当該貨物の総輸入量に占める比率が小さいもの（以下「（⑩）」という。）が含まれている場合には、当該（⑩）については、指定から除外する。

2. 課税限度

　緊急関税を課する場合、指定された期間内に輸入される指定された貨物の全部につき、又は当該貨物のうち一定の（⑪）を超えるものにつき、関税定率法別表の税率による関税のほか、当該貨物の課税価格とこれと同種又は類似の貨物の本邦における適正と認められる（⑫）（類似の貨物にあっては、当該貨物の（⑬）及び（⑭）の差異による価格の相違を勘案して合理的に必要と認められる調整を加えた価格）との差額から同表の税率によるその貨物の関税の額を（⑮）した額以下の関税を課することができる。

[空欄の答えは次ページにあります]

☞前ページ空欄の答え
　①価格の低落
　②国内総生産量
　③直接競合
　④本邦の産業
　⑤国民経済上
　⑥貨物
　⑦期間
　⑧世界貿易機関（WTO）
　⑨原産地
　⑩輸入少量途上国産品
　⑪数量若しくは額
　⑫卸売価格
　⑬性質
　⑭取引方法
　⑮控除

《参照条文》
関税定率法9条

問題48
　関税定率法11条に規定する加工又は修繕のため輸出された貨物の減税に関し、次の事項について説明せよ。
　1．要件
　2．減税の額
　3．減税の手続

☞解答の指針

　加工又は修繕のため輸出した貨物を、1年以内に輸入する場合には、その関税を軽減しようという制度である。ただし、加工については本邦においてその加工をすることが困難な場合に限られているので注意すること。

　減税の額は、「輸入貨物の関税の額に、当該貨物が輸出の許可の際の性質及び形状により輸入されるものとした場合の課税価格の当該輸入貨物の課税価格に対する割合を乗じて算出した額の範囲内である。」と表現が複雑であるが、その趣旨は加工又は修繕により当該輸入貨物に新たに付加された価値のみについて関税を課そうというものである。

☞加工又は修繕のため輸出された貨物の減税の仕組み

ⅰ 要件

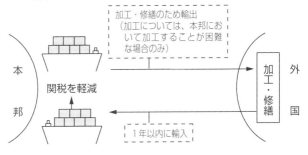

ⅱ 減税の額

$$\boxed{\substack{減税\\額}} = \boxed{\substack{輸入貨物\\の関税の\\額}} \times \boxed{\substack{輸入貨物の輸出の許可の際の性質・形\\状により計算した場合の課税価格の当\\該輸入貨物の課税価格に対する割合}}$$

→ この額内で軽減

（具体例）

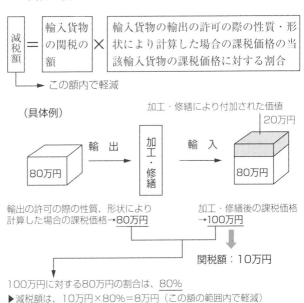

加工・修繕により付加された価値 20万円

輸出の許可の際の性質、形状により
計算した場合の課税価格→80万円

加工・修繕後の課税価格
→100万円

関税額：10万円

100万円に対する80万円の割合は、<u>80%</u>
▶減税額は、10万円×80％＝8万円（この額の範囲内で軽減）

☞空欄穴埋め問題48

1. 要件

次のすべての要件を充たさなければならない。

⑴ （①）のため本邦から輸出され、その（②）から（③）
（（③）を超えることがやむを得ないと認められる理由が
ある場合において、税関長の（④）を受けたときは、（③）
を超え税関長が指定する期間）以内に輸入される貨物で
あること

⑵ （⑤）のためのものについては、（⑥）においてその
（⑤）をすることが（⑦）であると認められること

2. 減税の額

当該輸入貨物の関税の額に、当該貨物が（⑧）により輸
入されるものとした場合の（⑨）の当該輸入貨物の（⑨）に
対する割合を乗じて算出した額の範囲内において、その関
税が（⑩）される。

3. 減税の手続

関税の軽減を受けようとする者は、その軽減を受けようと
する貨物の（⑪）（特例申告貨物にあっては（⑫））に、当該
貨物が輸出された際の⑬又はこれに代わる税関の証明書、
加工又は修繕を証する書類及び次に掲げる事項を記載した
（⑭）を添付して、税関長に提出しなければならない。

イ　当該貨物の輸出及び輸入の際における記号、番号、
品名及び（⑮）

ロ　当該貨物がその輸出の許可の際の性質及び形状によ
り輸入されるものとした場合の（⑯）

ハ　当該貨物につき関税の軽減を受けようとする額及び
その（⑰）

ニ　その他参考となるべき事項

なお、特例申告貨物について、関税の軽減を受けようと
する者は、当該特例申告貨物の（⑪）に、当該特例申告貨
物について当規定により関税の軽減を受けようとする旨を
（⑱）しなければならない。

[空欄の答えは次ページにあります]

☞前ページ空欄の答え

①加工又は修繕

②輸出の許可の日

③１年

④承認

⑤加工

⑥本邦

⑦困難

⑧輸出の許可の際の性質及び形状

⑨課税価格

⑩軽減

⑪輸入申告書

⑫特例申告書

⑬輸出の許可書

⑭明細書

⑮数量

⑯課税価格

⑰計算の基礎

⑱付記

《参照条文》
関税定率法11条

問題49

　関税定率法14条10号（再輸入貨物の無条件免税）に規定する免税の要件及びその免税を受けるために必要な手続について説明せよ。

☞解答の指針

　輸出の許可後何年以内に再輸入しなければならないという期間制限はなく、また、本邦で製造された貨物の再輸入でなければならないという制限もない。

　この問題に限らず、関税の減免税制度では図等を利用し制度の全体をつかんだ上で、それぞれの制度の要件・効果・手続を比較しながら覚えるとよい。

☞再輸入免税の仕組み

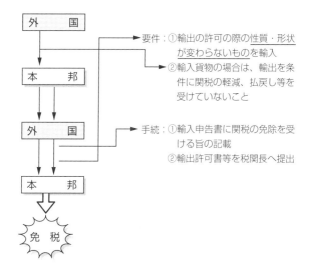

要件：①輸出の許可の際の<u>性質・形状</u>が変わらないものを輸入
②輸入貨物の場合は、輸出を条件に関税の軽減、払戻し等を受けていないこと

手続：①輸入申告書に関税の免除を受ける旨の記載
②輸出許可書等を税関長へ提出

☞空欄穴埋め問題49

1. 免税の要件

再輸入貨物の無条件免税を受けるためには、次の要件をすべて充たさなければならない。

⑴ 本邦から輸出された貨物で、（①）の際の（②）が変わっていないものを輸入すること

⑵ 以前に、当該輸入貨物について関税の（③）、（④）、又は（⑤）を受けていないこと

2. 免税を受けるために必要な手続

⑴ 関税の免除を受けようとする貨物の（⑥）（特例申告貨物にあっては（⑦））の際に、当該貨物の（⑧）（特例申告貨物にあっては（⑧）及び（⑨））又はこれに代わる（⑩）を税関長に提出しなければならない。ただし、当該貨物がこれらの規定に該当することが（⑪）に基づき明らかであるとき又は当該貨物（関税定率法14条11号の規定により関税の免除を受けようとする（⑫）に限る。）が（⑬）によって輸出されたものであって、（⑭）によって輸入されるものであるときは、この限りではない。

⑵ 特例申告貨物について関税の免除を受けようとする者は、当該特例申告貨物の（⑮）に、当該特例申告貨物についてこれらの規定により関税の免除を受けようとする旨を付記しなければならない。

[空欄の答えは次ページにあります]

☞前ページ空欄の答え

　①輸出の許可

　②性質及び形状

　③軽減

　④免除

　⑤払戻し

　⑥輸入申告

　⑦特例申告

　⑧輸出の許可書

　⑨輸入の許可書

　⑩税関の証明書

　⑪他の資料

　⑫容器

　⑬特定輸出者

　⑭特例輸入者

　⑮輸入申告書

《参照条文》

関税定率法14条10号

関税定率法施行令16条1項、3項

問題50

関税定率法17条1項1号（加工用貨物の再輸出免税）に掲げる貨物の再輸出免税に関し、次の事項について簡単に説明せよ。

1. 再輸出期間
2. 輸入申告の際の手続
3. 輸出申告の際の手続
4. 輸出したときの手続
5. 再輸出期間内に輸出がされない場合

☞解答の指針

この問題は、関税定率法17条（再輸出免税）の対象貨物の1つを取り上げた問題である。

再輸出免税とは、その対象貨物を輸入許可の日から原則1年以内に輸出することを条件に、その関税を免除しようという制度である。再輸出免税の要件、効果は容易であるが、手続が多少複雑であるので注意すること。

再輸出免税の手続は、設問2～4のように3つの場面に分けて考えること。ただし、その内容は加工用貨物とその他の対象貨物とで記載事項等に少し差が出るので注意すること。その他の対象貨物の場合、解答例にあるような、加工の種類、加工者の住所、氏名・名称、加工の場所の輸入申告書等への記載及び加工証明書の輸出申告書への添付は不要となる。

☞再輸出免税の仕組み

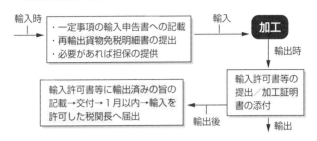

☞空欄穴埋め問題50

1. 再輸出期間

（①）から（②）以内。ただし、（②）を超えることがやむを得ないと認められる理由がある場合において、税関長の承認を受けたときは、税関長が指定する期間。

2. 輸入申告の際の手続

⑴ 関税の免除を受けようとする者は、その免除を受けようとする貨物の輸入申告（特例申告貨物にあっては、（③））の際に、その品名、数量及び（④）、輸出の（⑤）並びに使用の場所を記載した書面を税関長に提出しなければならない。

⑵ 特例申告貨物について関税の免除を受けようとする者は、当該特例申告貨物の（⑥）に、当該特例申告貨物について関税の免除を受けようとする旨を付記しなければならない。

⑶ 関税の免除を受けようとする者は、その免除を受けようとする貨物の輸入申告書（特例申告貨物にあっては、（⑦））にその加工の（⑧）並びに（⑨）の住所及び氏名又は名称を付記しなければならない。

3. 輸出申告の際の手続

⑴ 輸出申告の際に、関税の免除を受けた貨物の（⑩）又はこれに代わる（⑪）を税関長に提出する。

⑵ 加工者が作成した（⑫）を、上記⑴の輸入許可書等に添付する。

4. 輸出したときの手続

⑴ 上記3⑴の輸入許可書等に、税関長から（⑬）の旨の記載を受け、交付を受ける。

⑵ ⑴の交付がされた日から（⑭）以内に、輸出した旨の届出書を当該貨物の（⑮）に提出する。また、届出の際には、上記⑴で輸出済みの記載を受けた輸入許可書等を提出する。

5. 再輸出期間内に輸出がされない場合

当該関税の免除を受けた貨物が、再輸出期間内に輸出されない場合又は（⑯）に供された場合は、税関長は、輸入者から（⑰）を直ちに徴収する。なお、税関長は、関税を免除する場合において、その免除に係る（⑱）に相当する（⑲）を提供させることができる。

[空欄の答えは次ページにあります]

☞前ページ空欄の答え

① 輸入の許可の日
② 1 年
③ 特例申告
④ 輸入の目的
⑤ 予定時期及び予定地
⑥ 輸入申告書
⑦ 特例申告書
⑧ 種類
⑨ 加工者
⑩ 輸入許可書
⑪ 税関の証明書
⑫ 加工証明書
⑬ 輸出済み
⑭ 1 月
⑮ 輸入を許可した税関長
⑯ 免除を受けた用途以外の用途
⑰ 免除を受けた関税
⑱ 関税の額
⑲ 担保

《参照条文》
関税定率法17条
関税定率法施行令34条、36条、39条

問題51

　関税定率法19条の3に規定する輸入時と同一状態で再輸出される場合の戻し税に関し、次の事項について説明せよ。

　1．払戻しを受けることができるための要件

　2．払戻しを受けるために必要な輸入の際の手続

　3．払戻しを受けるために必要な輸出の際の手続

☞解答の指針

　輸入時と同一状態で再輸出される場合の戻し税制度は、輸入時に所定の手続をとることで、関税を納付して輸入しておけば、売れ残り等の理由で貨物を再輸出するようなこととなっても、関税の払戻しを受けることができるという制度である。

　ただし、払戻しを受けるためには、

（1）　輸入時の性質、形状が変わっていないものを本邦から再輸出すること

（2）　輸入の許可の日から原則1年以内に再輸出すること

が必要である。

☞輸入時と同一状態で再輸出される場合の戻し税の仕組み
（手続）

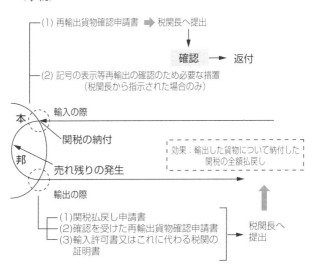

```
┌─(1) 再輸出貨物確認申請書 ➡ 税関長へ提出
│                              │
│                              ▼
│                          確認 ─→ 返付
├─(2) 記号の表示等再輸出の確認のため必要な措置
│       （税関長から指示された場合のみ）
```

本　　輸入の際 ────────────────────

関税の納付

　　　　　　　　　　　　　　　効果：輸出した貨物について納付した
邦　　　　　　　　　　　　　　　　　関税の全額払戻し

　　　売れ残りの発生

　　　輸出の際 ──────────────────

┌─(1)関税払戻し申請書
├─(2)確認を受けた再輸出貨物確認申請書　　　税関長へ
└─(3)輸入許可書又はこれに代わる税関の　　　提出
　　　証明書

☞空欄穴埋め問題51

1. 払戻しを受けることができるための要件

⑴　関税を納付して輸入された貨物で、その（①）の時の（②）が変わっていないものを本邦から輸出すること。

⑵　当該貨物が（③）から（④）以内に輸出されるものであること。ただし、（④）を超えることがやむを得ないと認められる理由がある場合において税関長の承認を受けたときは、（④）を超え税関長が指定する期間内に輸出されるものであればよい。

2. 払戻しを受けるために必要な輸入の際の手続

⑴　輸入申告の際に、関税の払戻しを受けようとする貨物の再輸出の（⑤）、（⑥）並びに当該貨物の（②）その他その再輸出の確認のため必要な事項を記載した書面（再輸出貨物確認申請書）を税関長に提出することにより届出をし、その（⑦）を受ける。

　　なお、再輸出貨物確認申請書は、税関長が確認を行った旨を記載した後、返付される。

⑵　（⑧）が当該貨物の再輸出の確認のため必要と認めて（⑨）したときは、その輸入の際に、当該貨物につき（⑩）その他の再輸出の確認のための措置をとらなければならない。

3. 払戻しを受けるために必要な輸出の際の手続

　　当該貨物の輸出申告の際に、その品名及び数量並びに（⑪）を記載した申請書（関税払戻し申請書）に、上記2⑴で返付された書面及び当該貨物の（⑫）又はこれに代わる税関の証明書（特例申告貨物にあっては、特例申告書の提出があったことを証する書類又は決定通知書若しくはこれに代わる税関の証明書）を添付し、これを税関長に提出する。

[空欄の答えは次ページにあります]

☞前ページ空欄の答え
　①輸入
　②性質及び形状
　③輸入の許可の日
　④１年
　⑤予定時期
　⑥予定地
　⑦確認
　⑧税関長
　⑨指示
　⑩記号の表示
　⑪輸出の理由
　⑫輸入許可書

《参照条文》
関税定率法19条の３
関税定率法施行令54条の13、54条の16

問題52

関税定率法20条（違約品等の再輸出又は廃棄の場合の戻し税）に関し、次の事項について説明せよ（特例申告貨物の場合を除く）。

1．関税の払戻しを受けることができるための要件
2．再輸出した場合に払戻しを受けるための手続

☞解答の指針

違約品等の再輸出又は廃棄の場合の戻し税制度は、関税を納付して輸入した貨物が、下記に該当する場合において、再輸出し（(1)及び(2)の場合は返送のため輸出するときに限る。）又は税関長の承認を受けて廃棄した場合には、納付済みの関税の全額を払い戻す制度である。

(1) 契約した品質又は数量と相違していた

(2) 個人が通信販売により輸入したものの品質等が予期したものでなかった

(3) 輸入後に法令によって販売又は使用等が禁止された

☞違約品等の再輸出又は廃棄の場合の戻し税の仕組み

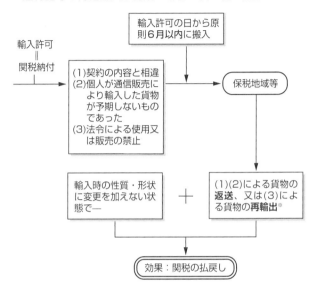

※返　　送：仕出人（輸出者）に戻すことを意味する。
　再輸出：輸出先は仕出人（輸出者）に限らず、制限されな
　　　　　い。

☞空欄穴埋め問題52

1. 関税の払戻しを受けることができるための要件

(1) 関税を納付して輸入された貨物のうち、次のいずれか に該当するものでその（①）の時の（②）に変更を加えな いものを本邦から輸出（下記イ及びロの場合は、（③） のため輸出するときに限る。）するか、又はあらかじめ税 関長の（④）を受け（⑤）すること（廃棄の場合は、輸出 に代えて廃棄することがやむを得ないと認められる場合 に限る）。

イ 品質又は数量等が（⑥）するため、（③）すること がやむを得ないと認められる貨物

ロ 個人的な使用に供する物品で政令で定める（⑦） により販売されたものであって（⑧）が当該物品の輸入 者が（⑨）しなかったものであるため（③）することが やむを得ないと認められる貨物

ハ 輸入後において（⑩）（これに基づく処分を含む。） によりその販売若しくは使用又はそれを用いた製品の販 売若しくは使用が（⑪）されるに至ったため、輸出する ことがやむを得ないと認められる貨物

(2) 当該貨物が、その（⑫）から（⑬）以内に保税地域等に 入れられたものであること。ただし、（⑬）を超えること がやむを得ないと認められる理由がある場合において、 税関長の（⑭）を受けたときは、（⑬）を超え（⑮）以内に おいて税関長が指定する期間内に保税地域等に入れら れればよい。

2. 再輸出した場合に払戻しを受けるための手続

(1) 貨物を保税地域等に入れたときは、その旨を当該（⑯） 税関長に届け出る。

(2) 当該貨物の輸出申告の際、その品名、数量、（⑰）等を 記載した申請書（関税払戻し申請書）に、次の書類を添 付して、（⑱）に提出する。

イ 当該貨物が上記1(1)のイ又はロ、若しくはハの貨物 に該当するものであることを証する書類

ロ 当該貨物の（⑲）又はこれに代わる税関の証明書

[空欄の答えは次ページにあります]

☞前ページ空欄の答え

　①輸入
　②性質及び形状
　③返送
　④承認
　⑤廃棄
　⑥契約の内容と相違
　⑦販売の方法
　⑧品質等
　⑨予期
　⑩法令
　⑪禁止
　⑫輸入の許可の日
　⑬６月
　⑭承認
　⑮１年
　⑯保税地域等の所在地を所轄する
　⑰輸出の事由
　⑱輸出申告をする税関長
　⑲輸入許可書

《参照条文》
関税定率法20条
関税定率法施行令56条

問題53
　関税定率法10条（変質、損傷等の場合の減税又は戻し税）
に規定する減税及び戻し税の適用要件及び減税の手続につ
いて説明せよ（特例申告貨物の場合を除く）。

☞解答の指針

　減税の適用要件は、従価税品と従量税品とで異なるのでし
っかりと区別して理解すること。また、減税の申請手続につ
いては、申告納税方式の貨物と賦課課税方式の貨物に分けて
理解しよう。

　また、この問題は関税定率法10条に限っているが、試験で
は関税定率法４条の５（変質又は損傷に係る輸入貨物の課税価
格の決定）と組み合わせて出題されることが多いので、こちら
の方もしっかりと学習しよう。

☞変質・損傷等の場合の減税・戻し税の仕組み①

i 適用の要件（従価税品の場合）

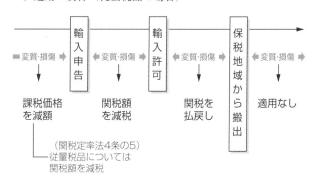

（関税定率法4条の5）
従量税品については
関税額を減税

ii 減税の手続

㊙：申告納税方式　　㊙：賦課課税方式

☞空欄穴埋め問題53

1. 減税の適用要件

(1)従価税品の場合

　　輸入貨物が（①）等の後、輸入の許可（輸入許可前貨物の引取承認がされた貨物の場合は、当該承認。次の(2)において同じ。）前に（②）し、又は（③）した場合に適用される。

(2)従量税品の場合

　　輸入貨物が（④）、輸入の許可前に（②）し、又は（③）した場合に適用される。

2. 戻し税の適用要件

　　（⑤）貨物が、輸入の許可後引き続き、保税地域又は他所蔵置場所に置かれている間に、災害その他（⑥）により（⑦）し、又は（②）し、若しくは（③）した場合に適用される。

3. 減税の申請手続

(1)申告納税方式が適用される貨物の場合

　　貨物が（⑧）等の時までに変質、損傷した場合には、当該貨物の（⑨）（特例申告貨物にあっては（⑩））に、当該変質、損傷の原因、関税の軽減を受けようとする額など一定の事項を記載した書面を添付して、これを税関長へ提出する。

　　また、（⑪）に変質、損傷した場合には、（⑫）の手続による。

(2)賦課課税方式が適用される貨物の場合

　　変質、損傷した貨物の輸入許可前に、当該変質、損傷の原因、関税の軽減を受けようとする額などを記載した（⑬）を当該貨物の（⑧）をした税関長に提出する。

[空欄の答えは次ページにあります]

☞前ページ空欄の答え
　①輸入申告
　②変質
　③損傷
　④輸出の船積後
　⑤輸入の許可を受けた
　⑥やむを得ない理由
　⑦滅失
　⑧輸入申告
　⑨輸入申告書
　⑩特例申告書
　⑪輸入申告の後輸入の許可前
　⑫更正の請求
　⑬申請書

《参照条文》
関税定率法10条
関税定率法施行令３条

問題54
　関税定率法10条（変質、損傷等の場合の減税又は戻し税）
に規定する減税額及び戻し税額の算定方法につき、説明せ
よ。

☞解答の指針
　変質又は損傷の場合は、減税額も戻し税額も、その額は同
じである。図解で確認すること。
　また、滅失による場合の戻し税額は、滅失した貨物につい
て納付した関税の全額である。

☞変質・損傷等の場合の減税・戻し税の仕組み②

i 減税額と戻し税額

減税額＝(1)と(2)のいずれか多い額

> (1) 輸入貨物の変質又は損傷による価値の減少に基づ
>   く価格の低下率に対応する関税の額
> (2) 輸入貨物の関税の額からその変質又は損傷後にお
>   ける性質及び数量により課税した場合における関税
>   の額を控除した額

戻し税額 ─┬─ 変質・損傷の場合＝(1)と(2)のいずれか多い額
　　　　　 └─ 滅失の場合＝滅失した貨物について納付した関
　　　　　　　　　　　　　　税の全額

ii (1)の具体例

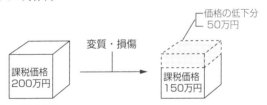

価格の低下分
50万円

変質・損傷

課税価格
200万円

課税価格
150万円

関税額： 100万円

上図の場合、変質・損傷による価格の低下率は、

$(200 - 150) \div 200 \times 100 = 25\%$

変質・損傷前の貨物の関税額が100万円で、貨物の価
格が25％低下しているので、関税額も25％低下させると、
100万円×25％＝25万円 …(1)の場合の減税額

☞空欄穴埋め問題54

1. 減税額の算定方法

減税額は、次に掲げる額のうちいずれか多い額とする。

(1) 輸入貨物の変質又は損傷による （①） に基づく （②） に対応する関税の額

(2) 輸入貨物の関税の額からその （③） により課税した場合における関税の額を （④） した額

2. 戻し税額の算定方法

(1) 滅失の場合

すでに納付済みの関税の （⑤） が払い戻される（附帯税の額を除く）。

(2) 変質、損傷の場合

上記1と同様の方法で算出した額が払い戻される（附帯税の額を除く）。

[空欄の答えは次ページにあります]

☞前ページ空欄の答え
　①価値の減少
　②価格の低下率（低下分）
　③変質又は損傷後における性質及び数量
　④控除
　⑤全額

参考

関税定率法４条の５（変質又は損傷に係る輸入貨物の課税価格の決定）

（内容）
　輸入貨物が輸入申告の時までに変質又は損傷したと認められるときは、当該輸入貨物の課税価格を調整する。

（課税価格の算定方法）
　その変質又は損傷がなかったものとした場合に計算される課税価格から、その変質又は損傷があったことによる減価に相当する額を控除して得られる価格とする。

（従量税品の場合）
　従量税品の場合、この規定は適用されず関税定率法10条により関税が軽減される。これは従量税品の場合、課税の対象が価格ではなく数量や重量等であるため、課税価格を調整しても意味をなさないからである。

《参照条文》
関税定率法施行令２条

問題55

特恵関税制度における特恵受益国等に対する特別措置に関し、次の事項について簡単に説明せよ。
1. 対象国（特恵受益国等）の指定要件
2. 対象となる品目
3. 適用される関税の率

☞解答の指針

特恵関税は、産業構造の相違を考慮して、農水産品と鉱工業産品とに分けて異なる方式により設定されている。

農水産品は、特定の品目に限り特恵関税を供与するポジティブ・リスト方式であり、それぞれの対象品目ごとに、特恵税率が設定されている。

一方、鉱工業産品については、一部の例外品目を除き、原則としてすべての品目に特恵関税を供与するネガティブ・リスト方式であり、その特恵税率は原則として無税とされている。

☞特恵関税制度の仕組み①

　　特恵受益国等と特別特恵受益国の相違①（指定要件）

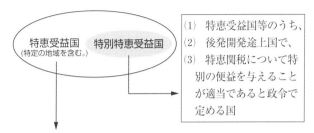

(1)　特恵受益国等のうち、
(2)　後発開発途上国で、
(3)　特恵関税について特別の便益を与えることが適当であると政令で定める国

(1)　経済が開発途上にある国（固有の関税及び貿易に関する制度を有する地域を含む。）で、
(2)　関税について特別の便益を希望するもののうち、
(3)　当該便益を与えることが適当であると政令で定めるもの

☞特恵関税制度における別表の仕組み（参考）

別表番号	別 表 名 称
別表2	農水産物等特恵関税率表
別表3	鉱工業産品等に係る特恵関税率の算出のための係数表
別表4	特恵関税例外品目表
別表5	特別特恵関税例外品目表

注)　なお、別表の名称は、試験対策上覚える必要はないので、対応する別表番号にはどのような物品が載っているか、おおまかな内容だけ捉えること。

☞空欄穴埋め問題55

1. 特恵受益国等の指定要件

経済が（①）にある国であって、（②）について特別の（③）を受けることを（④）するもののうち、当該（③）を与えることが（⑤）であるものとして政令で定めるもの

2. 特恵関税適用対象となる品目

特恵受益国等を（⑥）とする次に掲げる物品

(1)農水産物

すべての農水産物を特恵関税適用対象とするのではなく、関税暫定措置法（⑦）に掲げる特定の農水産物のみが適用対象品目となる。

※このように、特定の品目を選定し、その品目に対して特恵関税を供与する方式をポジティブ・リスト方式という。

(2)鉱工業産品

関税暫定措置法（⑧）及び（⑨）に掲げる物品を除き、すべての物品が特恵関税適用対象品目となる。

※このように、特定の品目を除き、原則としてすべての品目に特恵関税を供与する方式をネガティブ・リスト方式という。

3. 適用される関税の率

(1)農水産物

関税暫定措置法（⑦）に定める税率。

(2)鉱工業産品

原則として（⑩）である。ただし、関税暫定措置法（⑪）に掲げる物品については、別表に定める税率及び（⑫）のうちいずれか（⑬）ものに（⑪）に定める係数を乗じて得た税率とする。

[空欄の答えは次ページにあります]

☞前ページ空欄の答え
　①開発の途上
　②関税
　③便益
　④希望
　⑤適当
　⑥原産地
　⑦別表2
　⑧別表4
　⑨別表5
　⑩無税
　⑪別表3
　⑫協定税率（WTO 税率）
　⑬低い

《参照条文》
関税暫定措置法8条の2第1項

16 特恵関税制度②　　　重要度 B

問題56
　特恵関税制度における特別特恵受益国に対する特別措置に関し、次の事項について簡単に説明せよ。
　1．対象国の指定要件
　2．対象となる品目
　3．適用される関税の率

☞解答の指針
　後発開発途上国（LDC：Least Developed Country）に対する特恵供与の方法として特別特恵関税の制度がある。
　この制度では、①後発開発途上国（LDC）を原産地とする物品のうち、
　　　　　　　　　②別表5（特別特恵関税例外品目表）に掲げる物品以外のもので、
　　　　　　　　　③関税暫定措置法に定める期限までに輸入されるもの
に課する関税率は、すべて無税となる。

☞特恵関税制度の仕組み②

特恵受益国等と特別特恵受益国の相違②（適用税率）

	特恵受益国		特別特恵受益国	
	農水産品	鉱工業産品	農水産品	鉱工業産品
税率	別表2に定める税率	別表3に定める税率 別表3以外の税率→無税	対象品目について 原則無税	

注）別表5（特別特恵関税例外品目表）に掲げる例外品目は、米及び米調製品、水産物、砂糖、でん粉、でん粉用とうもろこし並びに皮革製品である。

☞空欄穴埋め問題56

1. 対象国の指定要件

特恵受益国等のうち、(①) により (②) とされている国
で、特恵関税について (③) を与えることが適当なものと
して関税暫定措置法施行令で定められた国

2. 対象となる品目

特別特恵受益国を原産地とする、(④) に掲げる物品以
外のもの

3. 適用される関税の率

対象品目について原則として (⑤)

[空欄の答えは次ページにあります]

☞前ページ空欄の答え
　　①国際連合総会の決議
　　②後発開発途上国
　　③特別の便益
　　④別表5
　　⑤無税

《参照条文》
関税暫定措置法8条の2第3項

17 特恵関税制度③

重要度 B

問題57

特恵関税制度に関し、特恵関税等の適用の停止について説明せよ。

☞解答の指針

特恵供与により輸入が増加して本邦の産業に損害を与えるような事態になった場合、特恵供与は停止される。このような停止方法をエスケープ・クローズ方式という。

☞特恵関税制度の仕組み③
　エスケープ・クローズ方式による特恵関税の適用の停止

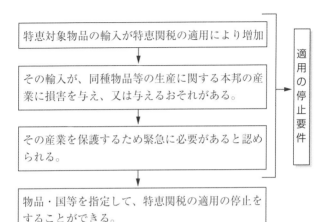

| 特恵対象物品の輸入が特恵関税の適用により増加 |
| その輸入が、同種物品等の生産に関する本邦の産業に損害を与え、又は与えるおそれがある。 |
| その産業を保護するため緊急に必要があると認められる。 |

適用の停止要件

| 物品・国等を指定して、特恵関税の適用の停止をすることができる。 |

☞空欄穴埋め問題57

　特恵関税等の停止には、エスケープ・クローズ方式が適用される。

　すなわち、特恵受益国等（特別特恵受益国を除く。）を原産地とする物品の輸入が特恵税率の適用によって（①）し、その輸入が、これと同種の物品その他用途が直接競合する物品の生産に関する（②）に（③）を与え、又は与えるおそれがあるときで、その産業を（④）するため（⑤）があると認めるときは、関税暫定措置法施行令で定めるところにより、（⑥）並びに必要があると認めるときは（⑦）又は（⑧）を指定し、特恵関税の適用を停止することができる。

　　　　　　　　　　　[空欄の答えは次ページにあります]

☞前ページ空欄の答え
　①増加
　②本邦の産業
　③損害
　④保護
　⑤緊急に必要
　⑥物品及び期間
　⑦国
　⑧地域

《参照条文》
関税暫定措置法 8 条の 3

問題58

特恵原産地証明書に関し、次の事項について説明せよ。
1. 提出時期
2. その提出が不要な場合
3. 発給機関
4. 様式
5. 有効期間

☞解答の指針

　特恵関税制度における原産地証明書は、選択式・択一式では頻出テーマである。語群選択式での出題も予想される。過去問を見ると何度も同じことが繰り返し出題されている。したがって、ポイントが絞りやすい。

☞特恵原産地証明書の要点整理

【輸出の際】

発給時期	輸出の時（税関長がやむを得ない特別の事由があると認める場合には、輸出後その事由により相当と認められる期間内）
発給機関	原産地の税関（税関が発給することとされていない場合には、その発給につき権限を有するその他の官公署又は商業会議所等で税関長が適当と認めるもの）
様式	財務省令で定める様式

【輸入の際】

提出時期	輸入申告（蔵入申請をする場合は、当該蔵入申請等）の時
有効期間	上記の日において、その発給の日から最大1年未満
提出が不要な物品	1. 税関長が物品の種類又は形状によりその原産地が明らかであると認めた物品 2. 課税価格の総額が20万円以下の物品 3. 特例申告貨物である物品

注意：ただし、特例申告貨物であっても、特恵受益国原産品であることを確認するために原産地証明書の提出の必要があると税関長が認めるものについては、特恵原産地証明書を税関長に提出しなければならない。

☞空欄穴埋め問題58

1. 提出時期

特恵受益国原産品について、特恵関税の適用を受けようとする者は、当該物品が特恵受益国原産品であることを証明した書類（以下「原産地証明書」という。）を、その証明に係る物品についての（①）（（②）等がされる物品については、当該（②）等。下記5において同じ。）又は郵便物の輸入の簡易手続における（③）その他郵便物に係る税関の（④）に際し、税関長に提出しなければならない。

ただし、（⑤）によりその際に提出することができないことについて（⑥）を受けたとき、又は提出することができないことについて、当該物品につき（⑦）に規定する（⑥）を受けることを条件として（⑥）を受けたときは、この限りでない。

2. その提出が不要な場合

イ　税関長が物品の（⑧）によりその原産地が明らかであると認めた物品

ロ　課税価格の総額が（⑨）以下の物品

ハ　（⑩）である物品（特恵受益国原産品であることを（⑪）するために原産地証明書の提出の必要があると税関長が認めるものを除く。）

3. 発給機関

原産地証明書は、その証明に係る物品の（⑫）の際（税関長がやむを得ない特別の事由があると認める場合には、（⑫）後その事由により（⑬）期間内）に、当該物品の（⑭）の申告に基づき（⑮）（（⑮）が原産地証明書を発給することとされていない場合には、原産地証明書の発給につき（⑯）その他これに準ずる機関で、税関長が（⑰）と認めるもの）が発給したものでなければならない。

4. 様式

原産地証明書の様式は、（⑱）で定める。

5. 有効期間

原産地証明書は、その証明に係る物品についての（①）（郵便物の輸入の簡易手続に規定する郵便物にあっては、関税法76条3項の規定による（⑲））の日において、その発給の日から（⑳）以上を経過したものであってはならない。ただし、（⑤）によりその期間を経過した場合において、（⑥）を受けたときは、この限りでない。

[空欄の答えは次ページにあります]

☞前ページ空欄の答え

①輸入申告

②蔵入申請

③検査

④審査

⑤災害その他やむを得ない理由

⑥税関長の承認

⑦輸入の許可前における貨物の引取り

⑧種類又は形状

⑨20万円

⑩特例申告貨物

⑪確認

⑫輸出

⑬相当と認められる

⑭輸出者

⑮原産地の税関

⑯権限を有するその他の官公署又は商業会議所

⑰適当

⑱財務省令

⑲提示

⑳１年

《参照条文》
関税暫定措置法施行令27条、28条、29条

問題59
　特恵受益国等原産品であることの確認に関し、次の事項
について説明せよ。
　　1. 税関長が特恵関税の適用に当たって、特恵受益国等
　　　　原産品であるかどうかの確認をするため必要がある
　　　　場合に確認する方法
　　2. 特恵関税の適用をしないことができる場合

☞解答の指針
　税関長は、特恵関税が適用された貨物について、事後に特
恵受益国等の原産品であるかを確認することができる。これ
は、原産地証明書などが提出されていても、内容に偽りがあ
ったり、原産地規則を満たさない第三国の原料が使用されて
いたりする事例があることから規定されたものである。

☞特恵受益国等原産品であることの確認（事後確認）

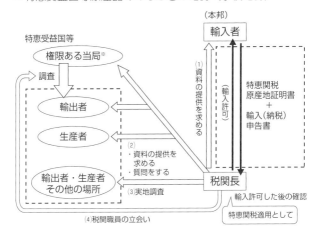

※ 権限ある当局とは、特恵受益国等原産品であることを証明する書類を発給する権限を有する機関のこと。

↓

（1）～（4）の方法により、特恵受益国等原産品であることの確認を受けられない場合は、特恵関税の適用は、なかったことになる。

☞空欄穴埋め問題59

1. 特恵受益国等原産品であることの確認の方法

⑴　当該（①）に対し、当該貨物が特恵受益国等原産品であることを明らかにする（②）を求める方法

⑵　特恵受益国等の権限ある当局（特恵受益国等から輸出される貨物が特恵受益国等原産品であることを証明する書類の発給に関して権限を有する機関をいう。以下同じ。）又は当該貨物の輸出者若しくは（③）に対し、当該貨物について（④）し、又は当該貨物が特恵受益国等原産品であることを明らかにする（②）を求める方法

⑶　その職員に、当該貨物の輸出者又は（⑤）その他の必要な場所において、その者の（⑥）を得て、実地に書類その他の物件を調査させる方法

⑷　（⑦）に対し、当該（⑦）が当該貨物の輸出者又は（⑤）その他の必要な場所において行う検査に、その者の（⑥）を得て、我が国の（⑧）を立ち会わせ、及び当該検査において収集した資料を提供することを求める方法

2. 特恵関税の適用をしないことができる場合

⑴　当該貨物が当該（⑨）を受けるための要件を満たしていないとき

⑵　当該貨物を輸入する者が当該（⑨）を受けるために必要な手続をとらないとき

⑶　（④）又は（②）の求めを行った場合において、当該（④）又は求めを受けた者が、期間内に回答若しくは当該求めに係る（②）をしないとき、又はそれらが（⑩）でないとき

⑷　実地調査の通知をした場合において、特恵受益国等又は当該通知に係る貨物の輸出者若しくは（③）が調査を拒んだときなど

⑸　（⑧）の立会い等の求めを行った場合において、（⑦）が、当該求めを拒んだときや期間内に当該求めに対する回答をしないとき、又は当該求めに対し提供した資料が（⑩）でないときなど

[空欄の答えは次ページにあります]

☞前ページ空欄の答え
　①貨物を輸入する者
　②資料の提供
　③生産者
　④質問
　⑤生産者の事務所
　⑥同意
　⑦特恵受益国等の権限ある当局
　⑧税関職員
　⑨便益の適用
　⑩十分

注)「経済連携協定に基づく締約国原産品であることの確認」
　　についても同様の規定が置かれている。
　　　→関税暫定措置法12条の4参照

《参照条文》
関税暫定措置法8条の4

問題60

次の事項について説明せよ。
1. 外国為替及び外国貿易法の目的
2. 外国為替及び外国貿易法における経済産業大臣の輸出の許可、承認及び制裁

☞解答の指針

外為法の目的は、外国為替、外国貿易その他の対外取引が自由に行われることを基本とし、対外取引に対し必要最小限の管理又は調整を行うことにより、対外取引の正常な発展を期し、もって国際収支の均衡及び通貨の安定を図るとともに我が国経済の健全な発展に寄与することである。

そして、第6章外国貿易では、輸出に関し、次のことが定められている。

① 　国際的な平和、安全の維持を妨げることとなると認められるものとして政令で定める特定の地域を仕向地とする特定の種類の貨物を輸出しようとする者

　　……経済産業大臣の輸出許可が必要

② 　・特定の種類の貨物を輸出する場合
　　・特定の地域を仕向地とする貨物を輸出する場合
　　・特定の取引（委託加工貿易契約）により貨物を輸出する場合

　　……経済産業大臣の輸出承認が必要

☞外為法における経済産業大臣による輸出許可・輸出承認

① 国際的な平和及び安全の維持を妨げることと認められるものとして政令で定める特定の地域を仕向地とする特定の種類の貨物の輸出をしようとする者（外為法48条1項）

（例）武器、核燃料、化学物質etc

経済産業大臣の輸出許可

有効期間
…許可をした日から6ヵ月

違反 経済産業大臣は、3年以内の期間を限り輸出を行い、又は非居住者との間で、特定の技術の提供を目的とする取引を禁止できる。

② ・特定の種類の貨物若しくは特定の地域を仕向地とする貨物を輸出しようとする者
・特定の取引により貨物を輸出しようとする者

（例）絶滅のおそれのある動植物、重要文化財、特許権等を侵害する物品etc

経済産業大臣の輸出承認

有効期間
…承認をした日から6ヵ月

違反 経済産業大臣は、1年以内の期間を限り輸出を行うことを禁止できる。

☞空欄穴埋め問題60

1. 外国為替及び外国貿易法の目的

この法律は、外国為替、外国貿易その他の対外取引が（①）に行われることを基本とし、対外取引に対し（②）の管理又は調整を行うことにより、対外取引の正常な発展並びに我が国又は国際社会の（③）の維持を期し、もって（④）の均衡及び通貨の安定を図るとともに我が国経済の健全な発展に寄与することを目的とする。

2. 外国為替及び外国貿易法における経済産業大臣の輸出の許可、承認及び制裁

(1) 貨物の輸出は、この法律の目的に合致する限り、（⑤）の制限の下に、許容されるものとする。

(2) 貨物を輸出しようとする者は、国際的な平和及び（⑥）の維持を妨げることとなると認められるものとして政令で定める特定の地域を（⑦）とする特定の種類の貨物の輸出をしようとする場合には、政令で定めるところにより、（⑧）の許可を受けなければならない。

(3) 経済産業大臣は、輸出の許可を受けないで貨物の輸出をした者に対し、（⑨）の期間を限り、輸出を行い、又は非居住者との間で特定技術の提供を目的とする取引等を行うことを（⑩）することができる。

(4) （⑪）は、特定の種類の若しくは特定の地域を（⑦）とする貨物を輸出しようとする者又は特定の取引により貨物を輸出しようとする者に対し、（④）の均衡の維持のため、（⑫）及び国民経済の健全な発展のため、我が国が締結した条約その他の（⑬）を誠実に履行するため、国際平和のための国際的な努力に我が国として寄与するため、又は外為法10条１項の閣議決定を実施するために必要な範囲内で、政令で定めるところにより、（⑭）を受ける義務を課することができる。

[空欄の答えは次ページにあります]

☞前ページ空欄の答え
①自由
②必要最小限
③平和及び安全
④国際収支
⑤最少限度
⑥安全
⑦仕向地
⑧経済産業大臣
⑨３年以内
⑩禁止
⑪経済産業大臣
⑫外国貿易
⑬国際約束
⑭承認

《参照条文》
外国為替及び外国貿易法１条、47条、48条、53条

21 外国為替及び外国貿易法② 重要度 A

問題61

次の事項について説明せよ。

1. 外国為替及び外国貿易法における経済産業大臣の輸入の承認
2. 輸入貿易管理令における経済産業大臣の輸入の承認
3. 経済産業大臣による制裁

☞解答の指針

外為法では、経済産業大臣の輸入の承認の目的として4つを掲げている。また、輸入の承認を要する貨物は、輸入貿易管理令及び輸入公表に具体的に定められている。

☞外為法における経済産業大臣による輸入承認

①

外国貿易及び国民経済の健全な発展を図るため及びその他の
目的のため、貨物を輸入しようとする者は、経済産業大臣の
輸入承認を受ける義務を課せられる（外為法52条）。

具体的には、
ア）輸入割当品目(にしん、
　　アジ、ブリ、帆立貝など)
イ）輸入公表2号品目(原
　　産地又は船積地域が
　　中国、北朝鮮、台湾で
　　あるサケやマス又それ
　　らの調製品など)

経済産業大臣の輸入承認

有効期間
…承認をした日から6ヵ月

（違反）経済産業大臣は、
1年以内の期間を限り
輸入を禁止すること
ができる。

☞空欄穴埋め問題61

1. 外国為替及び外国貿易法における経済産業大臣の輸入の承認

　　貨物を輸入しようとする者は、外国貿易及び（①）の健全な発展を図るため、我が国が締結した（②）その他の国際約束を誠実に履行するため、（③）のための国際的な努力に我が国として寄与するため、又は外為法10条1項の閣議決定を実施するため、政令で定めるところにより、輸入の（④）を受ける義務を課せられることがある。

2. 輸入貿易管理令における経済産業大臣の輸入の承認

　　貨物を輸入しようとする者は、次のいずれかに該当するときは、経済産業大臣の輸入の（④）を受けなければならない。

イ　当該貨物の輸入について（⑤）を受けることを要するとき

ロ　当該貨物の品目について貨物の原産地又は（⑥）が輸入貿易管理令3条1項の規定により（⑦）された場合において、その原産地を原産地とする貨物を輸入し、又はその（⑥）から貨物を輸入しようとするとき

ハ　上記イ、ロに掲げる場合のほか、当該貨物の輸入について必要な事項が、輸入貿易管理令3条1項の規定により（⑦）されているとき

3. 経済産業大臣による制裁

　　経済産業大臣は、貨物の輸入に関し、外国為替及び外国貿易法に基づく（⑧）又はこれらに基づく処分に違反した者に対し、（⑨）の期間を限り、輸入を行うことを（⑩）することができる。

[空欄の答えは次ページにあります]

☞前ページ空欄の答え

　①国民経済
　②条約
　③国際平和
　④承認
　⑤輸入割当て
　⑥船積地域
　⑦公表
　⑧命令
　⑨１年以内
　⑩禁止

《参照条文》
外国為替及び外国貿易法52条、53条
輸入貿易管理令４条

問題62
　「関税率表の解釈に関する通則」1から3⒜について説明せよ。

☞解答の指針
　関税率表における物品の所属は、「関税率表の解釈に関する通則」(以下、「通則」と呼ぶ。)1、2、3…の順番で通則に準じ決定していく。つまり、通則1で決定できる場合は、そこで決定され、通則1で決定できないときは、次の通則2を見る。このように、通則の順番は、物品の所属を決定するための優先順位となる。

　通則の問題は、語群選択式のみでなく、択一式・複数選択式等どのような形でも出題される可能性がある。しかし、臆することはない。なぜなら、通則1〜6は覚える量はごくわずかであり、かつ限られた出題パターンが繰り返し出題されるだけであるため、しっかり理解さえすれば、通則に関する出題に関しては満点を取れる可能性が高いからである。

物品の所属の決定例	物品の所属の決定に際して適用された通則
豚脂（ラード）90％、牛脂10％から成り、食用に適している本品は、第15.17項の規定により動物性油脂の混合物として、第15類に分類された。	通則1
1台の自転車を輸送のために便宜上10個の部品に分解し、一つの箱に入れたものであっても、1台の自転車として第87項に分類された。	通則2(a)
未完成のクランクシャフトで、鍛造を超える加工又は成形をしていない物品である本品は、完成したクランクシャフトとして第84.83項に分類された。	通則2(a)
自動車用のじゅうたんは、第87類（鉄道用及び軌道用以外の車両並びにその部分品及び附属品）の自動車の附属品ではなく、第57類（じゅうたんその他の紡織用繊維の床用敷物）のじゅうたんに分類された。	通則3(a)

☞空欄穴埋め問題62

〈通則１〉

(①) の表題は、単に (②) のために設けたものである。関税率表の適用に当たっては、物品の所属は、(③) の規定及びこれに関係する (④) の規定に従い、かつ、これらの項又は (⑤) に別段の定めがある場合を除くほか、通則２～６までの原則に定めるところに従って決定する。

〈通則２〉

(a) 各項に記載するいずれかの物品には、(⑥) の物品で、完成した物品としての (⑦) を (⑧) の際に有するものを含むものとし、また、完成した物品 (この通則２の規定により完成したものとみなす (⑥) の物品を含む。) で、(⑧) の際に組み立ててないもの及び (⑨) してあるものを含む。

(b) 各項に記載するいずれかの材料又は物質には、当該材料又は物質に他の材料又は物質を (⑩) 物品を含むものとし、また、特定の材料又は物質から成る物品には、(⑪) が当該材料又は物質から成る物品も含む。二以上の材料又は物質から成る物品の所属は、通則３の原則に従って決定する。

〈通則３〉

(a) 最も (⑫) 限定をして記載をしている項が、これよりも (⑬) な記載をしている項に優先する。ただし、二以上の項のそれぞれが、(⑭) した物品に含まれる材料若しくは物質の (⑪) のみ又は (⑮) の構成要素の (⑪) のみについて記載をしている場合には、これらの項のうち一の項が当該物品について一層 (⑯) 記載をしているとしても、これらの項は、当該物品について等しく (⑰) 限定をしているものとみなす。

[空欄の答えは次ページにあります]

☞前ページ空欄の答え
　①部、類及び節
　②参照上の便宜
　③項
　④部又は類の注
　⑤注
　⑥未完成
　⑦重要な特性
　⑧提示
　⑨分解
　⑩混合し又は結合した
　⑪一部
　⑫特殊な
　⑬一般的
　⑭混合し若しくは結合
　⑮小売用のセット
　⑯完全な又は詳細な
　⑰特殊な

問題63
「関税率表の解釈に関する通則」3 (b)から5 (b)について
説明せよ。

☞解答の指針
「通則」の中で最も出題頻度が高いものが「通則3 (b)」
である。(次が「通則2 (a)」である。)
「どのような物品の所属の決定に対して、どの通則が適用
されるのか」について、P270、P274の決定例の物品をイメ
ージしつつ、適用された各通則を見比べながら学習するのが
効果的である。

物品の所属の決定例	物品の所属の決定に際して適用された通則
ハンバーガー（第16.02項）とポテトチップス（第20.04項）を一緒に包装したセットは、第16.02項に分類された。	通則3(b)
自動車用のエンジン及びトランスミッションに使用する完成品のガスケットである本品は、重量比で非多泡性の加硫した合成ゴム65％、コルク35％から成る物品である。本品は、ゴム製のガスケットとして第40.16項に分類された。	通則3(b)
重量比で、ライ麦（第10.02項）50％とオート（第10.04項）50％から成る混合物は、第10.04項に分類された。	通則3(c)
バイオリンをバイオリン専用ケース（プラスチック製で長期間の使用に適するもの。）に入れたものである本品は、バイオリンとして第92類に分類された。	通則5(a)

☞空欄穴埋め問題63

〈通則3〉

(b) （①）物、（②）材料から成る物品、（②）構成要素で
作られた物品及び（③）にした物品であって、通則3(a)
の規定により所属を決定することができないものは、こ
の通則3(b)の規定を適用することができる限り、当該物
品に（④）を与えている（⑤）から成るものとしてその
所属を決定する。

(c) 通則3(a)及び(b)の規定により所属を決定することがで
きない物品は、（⑥）考慮に値する項のうち（⑦）にお
いて（⑧）となる項に属する。

〈通則4〉

通則1～3の原則によりその所属を決定することができ
ない物品は、当該物品に（⑨）する物品が属する項に属す
る。

〈通則5〉

通則1から4の原則のほか、次の物品については、次の
原則を適用する。

(a) （⑩）ケース、（⑪）ケース、銃用ケース、製図機器用
ケース、首飾り用ケースその他これらに類する（⑫）で
特定の物品又は物品のセットを（⑬）するために（⑭）
させたものであって、（⑮）に適し、当該（⑫）に（⑬）
される物品とともに（⑯）され、かつ、通常当該物品と
ともに（⑰）されるものは、当該物品に含まれる。ただ
し、通則5(a)の原則は、（④）を全体に与えている（⑫）
については、適用しない。

(b) 通則5(a)の規定に従うことを条件として、物品ととも
に（⑯）し、かつ、当該物品の包装に通常使用する（⑱）
は、当該物品に含まれる。ただし、通則5(b)の規定は、
（⑲）に適することが明らかな（⑱）については、適用
しない。

[空欄の答えは次ページにあります]

☞前ページ空欄の答え

①混合

②異なる

③小売用のセット

④重要な特性

⑤材料又は構成要素

⑥等しく

⑦数字上の配列

⑧最後

⑨最も類似

⑩写真機用

⑪楽器用

⑫容器

⑬収納

⑭特に製作し又は適合

⑮長期間の使用

⑯提示

⑰販売

⑱包装材料及び包装容器

⑲反復使用

参考＜通則6＞　関税率表の適用に当たっては、項のうちのいずれの（①）に物品が属するかは、（①）の規定及びこれに関係する（①）の（②）の規定に従い、かつ、通則1～5までに定める原則を（③）して決定するものとし、この場合において、同一の水準にある（①）のみを（④）することができる。

◎空欄の答え：①号　②注　③準用　④比較

第 3 章

通関業法

問題64

通関業法2条（定義）に規定する通関業務について説明せよ。

☞解答の指針

通関業務とは、簡単にいうと、<u>一定の手続・行為につき依頼人の代理・代行をすることと通関書類を作成すること</u>である。

通関業法は、一定の手続・行為として、(1) 通関手続、(2) 不服申立て、(3) 税関官署に対してする主張又は陳述の3つを定めており、さらに (1) 通関手続には、「次に掲げる申告又は承認の申請からそれぞれの許可又は承認を得るまでの手続」として5つのパターンが規定されている。

☞通関業務の仕組み

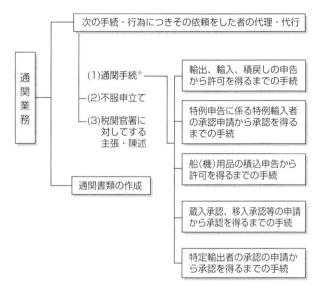

```
         ┌── 次の手続・行為につきその依頼をした者の代理・代行
         │
         │    (1)通関手続※ ──── 輸出、輸入、積戻しの申告
┌────┐│                        から許可を得るまでの手続
│通  ││
│関  │├── (2)不服申立て      特例申告に係る特例輸入者
│業  ││                       の承認申請から承認を得る
│務  │└── (3)税関官署に       までの手続
└────┘      対してする
             主張・陳述       船(機)用品の積込申告から
         │                    許可を得るまでの手続
         │
         └── 通関書類の作成    蔵入承認、移入承認等の申請
                               から承認を得るまでの手続

                               特定輸出者の承認の申請か
                               ら承認を得るまでの手続
```

※　通関手続は、関税の確定・納付に関する手続を含む。

☞空欄穴埋め問題64

通関業務とは、（①）によってする次に掲げる事務をいう。

1. 次に掲げる手続又は行為につき、その依頼をした者の（②）を
   すること
  (1) 関税法その他関税に関する法令に基づき（③）に対してする
     次に掲げる申告又は（④）からそれぞれの許可又は（⑤）を
     得るまでの手続（関税の確定又は納付に関する手続を（⑥）。
     この一連の手続を「（⑦）」という。）
     イ　輸出、（⑧）、又は輸入の申告
     ロ　特例申告に係る特例輸入者の（⑤）の申請
     ハ　本邦と外国との間を往来する船舶又は航空機への（⑨）
        又は（⑩）の（⑪）の申告
     ニ　（⑫）、（⑬）若しくは（⑭）に外国貨物を置くこと、保
        税工場において外国貨物を（⑮）に使用すること若しくは
        総合保税地域において外国貨物の加工・展示等一定の行為
        をすることの承認の申請又は（⑯）へ外国貨物を入れるこ
        との申告
     ホ　特定輸出者の（⑤）の申請
  (2) 関税法その他関税に関する法令によってされた処分につき、
     （⑰）法又は関税法の規定に基づいて、税関長又は（⑱）に
     対してする（⑲）
  (3) （⑦）及び上記(2)の不服申立て又は関税法その他関税に関
     する法令の規定に基づく税関官署の調査、（⑳）若しくは処分
     につき、（③）に対してする（㉑）
2. 関税法その他関税に関する法令又は行政不服審査法の規定に
   基づき、税関官署又は財務大臣に対して提出する通関手続又は
   不服申立てに係る申告書、申請書、不服申立書等その他これら
   に準ずる書類（（㉒）と総称する。）を（㉓）すること
     なお「（㉒）」には、その作成に代えて（㉔）（電子的方法など
   人の知覚によっては認識することができない方法で作られる記
   録であって、電子計算機による情報処理の用に供されるものを
   いう。）を作成する場合における当該（㉔）を含む。

[空欄の答えは次ページにあります]

☞前ページ空欄の答え
　①他人の依頼
　②代理又は代行
　③税関官署
　④承認の申請
　⑤承認
　⑥含む
　⑦通関手続
　⑧積戻し
　⑨船用品
　⑩機用品
　⑪積込み
　⑫保税蔵置場
　⑬保税工場
　⑭総合保税地域
　⑮保税作業
　⑯保税展示場
　⑰行政不服審査
　⑱財務大臣
　⑲不服申立て
　⑳検査
　㉑主張又は陳述
　㉒通関書類
　㉓作成
　㉔電磁的記録

《参照条文》
通関業法2条

問題65
次の事項について説明せよ。
1．通関業法3条(通関業の許可)に規定する許可権者
2．通関業法4条(許可の申請)に規定する通関業許可申請書に記載すべき事項
3．通関業法5条(許可の基準)に規定する許可の基準

☞解答の指針
　通関業の許可権者は、<u>財務大臣</u>である(通関業法3条1項)。また、許可に条件を付することもできる（同法3条2項）。

《許可に付される条件》

① 取り扱う貨物の種類の限定
② 許可の期限

☞通関業の許可の仕組み

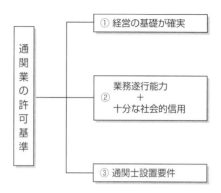

通関業の許可基準
① 経営の基礎が確実
② 業務遂行能力 ＋ 十分な社会的信用
③ 通関士設置要件

☞空欄穴埋め問題65

1. 許可権者

　通関業を営もうとする者は、（①）の許可を受けなければならない。

2. 通関業許可申請書に記載すべき事項

　通関業許可申請書には、次に掲げる事項を記載しなければならない。

(1) （②）又は（③）及び住所並びに（④）にあってはその（⑤）の氏名及び住所

(2) （⑥）営業所の名称及び（⑦）

(3) 営業所ごとの（⑧）及び営業所ごとに置こうとする（⑨）の数

(4) 通関業務に係る（⑩）が（⑪）のみに限られる場合には、当該（⑫）

(5) （⑬）以外の事業を営んでいる場合にはその事業の種類

3. 許可の基準

　財務大臣は、通関業の許可をしようとするときは、次の基準に適合するかどうかを（⑭）しなければならない。

(1) 許可申請に係る通関業の（⑮）が確実であること（この場合における「（⑮）が確実である」とは、許可申請者の（⑯）内容が充実し、（⑰）の状況が健全であり、かつ、通関業務を営むための必要な（⑱）が整っていると認められることをいう。）

(2) 許可申請者が、その（⑲）に照らしてその行おうとする通関業務を（⑳）することができる（㉑）を有し、かつ、十分な（㉒）を有すること

(3) 許可申請に係る通関業を営む（㉓）につき、（㉔）を備えることとなっていること

[空欄の答えは次ページにあります]

☞前ページ空欄の答え

　①財務大臣

　②氏名

　③名称

　④法人

　⑤役員

　⑥通関業務を行おうとする

　⑦所在地

　⑧責任者の氏名

　⑨通関士

　⑩取扱貨物

　⑪一定の種類のもの

　⑫貨物の種類

　⑬通関業

　⑭審査

　⑮経営の基礎

　⑯資産

　⑰収支

　⑱設備

　⑲人的構成

　⑳適正に遂行

　㉑能力

　㉒社会的信用

　㉓営業所

　㉔通関士設置要件

　《参照条文》

　通関業法3条、4条、5条

　通関業法基本通達

問題66

通関業法6条に規定する欠格事由について説明せよ。

☞解答の指針

財務大臣は、許可申請者が欠格事由に該当した場合には、通関業の許可をしてはならない。

欠格事由は試験に出題されやすいので注意しよう。

☞欠格事由

　財務大臣は、許可申請者が次のいずれかに該当する場合には、通関業の許可をしてはならない。

絶対的欠格事由	①心身の故障により通関業務を適正に行うことができない者として財務省令で定めるもの ②破産手続開始の決定を受けて復権を得ない者 ③暴力団員[*1]である者 ④暴力団員[*1]等によりその事業活動を支配されている者
5年を経過しない場合、欠格事由となる。	暴力団員でなくなった日から5年を経過していない者
3年を経過しない場合、欠格事由となる。	①禁錮以上の刑に処せられた者[*2] ②関税に関する一定の犯罪及び国税・地方税は脱罪等により罰金刑に処せられ、又は通告処分を受けた者[*2] ③通関業法違反により、罰金刑に処せられた者[*2]
2年を経過しない場合、欠格事由となる。	①「暴力団員による不当な行為の防止等に関する法律」の規定に違反し、又は刑法（204条、206条、208条、208条の2第1項、222条、247条）の罪若しくは「暴力行為等処罰に関する法律」の罪を犯し、罰金の刑に処せられた者であって、その刑の執行を終わり、又は執行を受けることがなくなった日から2年を経過しないもの ②通関業の許可を取り消された者又は通関業務に従事することを禁止された者であって、これらの処分を受けた日から2年を経過しないもの ③公務員[*3]で懲戒免職の処分を受けた者
法人の場合	役員（いかなる名称によるかを問わず、これと同等以上の職権又は支配力を有する者を含む。）のうちに上記のいずれかに該当する者があるもの。ただし、「暴力団員等により事業活動を支配されている者」は除く。

※1は、「暴力団員による不当な行為の防止等に関する法律」2条6号に規定する暴力団員

※2の「3年の期限」は、刑の執行を終わり、若しくは、執行を受けることがなくなった日（又は、通告の旨を履行した日）から起算する。

※3　欠格事由に規定する「公務員」には、国家公務員及び地方公務員のほか、法令（たとえば日本銀行法）の規定により公務に従事する職員とみなされるものを含む。

☞空欄穴埋め問題66

（①）は、許可申請者が次の事項のいずれかに該当する場合には、通関業の（②）をしてはならない。

⑴　（③）により通関業務を適正に行うことができない者として財務省令で定めるもの

⑵　破産手続開始の決定を受けて復権を得ない者

⑶　（④）以上の刑に処せられた者であって、その執行を終わり、又は執行を受けることがなくなってから（⑤）を経過しないもの

⑷　関税に関する一定の犯罪及び国税・地方税ほ脱罪等により（⑥）の刑に処せられた者又はこれらの規定に該当する違反行為をして（⑦）を受けた者であって、それぞれその刑の執行を終わり、若しくは執行を受けることがなくなった日又はその通告の旨を履行した日から（⑤）を経過しないもの

⑸　（⑧）の規定に違反する行為をして（⑥）の刑に処せられた者であって、その刑の執行を終わり、又は執行を受けることがなくなった日から（⑤）を経過しないもの

⑹　「（⑨）による不当な行為の防止等に関する法律」の規定に違反し、又は（⑩）に定める一定の罪を犯した者若しくは「（⑪）に関する法律」の罪を犯し、（⑥）の刑に処せられた者であって、その刑の執行を終わり、又は執行を受けることがなくなった日から（⑫）を経過しないもの

⑺　「（⑨）による不当な行為の防止等に関する法律」に規定する（⑨）又は（⑨）でなくなった日から（⑬）を経過していない者

⑻　（⑭）の許可を取り消された者又は（⑮）に従事することを禁止された者であって、これらの処分を受けた日から（⑫）を経過しないもの

⑼　（⑯）で懲戒免職の処分を受け、当該処分を受けた日から（⑫）を経過しないもの

⑽　法人であって、その（⑰）（いかなる名称によるかを問わず、これと同等以上の職権又は支配力を有する者を含む。）のうちに⑴～⑼のいずれかに該当する者があるもの

⑾　（⑨）等によりその（⑱）を支配されている者

[空欄の答えは次ページにあります]

☞前ページ空欄の答え
　①財務大臣
　②許可
　③心身の故障
　④禁錮
　⑤３年
　⑥罰金
　⑦通告処分
　⑧通関業法
　⑨暴力団員
　⑩刑法
　⑪暴力行為等処罰
　⑫２年
　⑬５年
　⑭通関業
　⑮通関業務
　⑯公務員
　⑰役員
　⑱事業活動

《参照条文》
通関業法６条

問題67
　営業所の新設に関し、次の事項について説明せよ。
　1．営業所新設の許可基準
　2．営業所新設の許可申請手続
　3．営業所の新設に係る許可の特例
　4．許可の特例の規定による届出手続

☞解答の指針
　通関業者は、通関業務を行う営業所を新たに設けようとするときは、財務大臣の許可を受けなければならない。
　また一方で、認定通関業者は、届出で営業所を新設できる。営業所の届出の手続もあわせて覚えておこう。

☞営業所の新設
　営業所新設の許可基準は、「十分な社会的信用、業務遂行能力」「通関士設置要件」である。

☞営業所新設の許可申請手続

許可申請書記載事項	① 当該営業所の名称及び所在地 ② 当該営業所の責任者の氏名及び通関士の数 ③ 当該営業所の通関業務に係る取扱貨物が一定の種類のもののみに限られる場合には当該貨物の種類
添付書類	① 許可を受けようとする営業所において通関業務に従事させようとする者の氏名 ② 通関業務の用に供される資産の明細 ③ 当該営業所において行われる見込みの通関業務の量及びその算出の基礎を記載した書面

☞営業所の新設に係る許可の特例※

　認定通関業者である通関業者は、通関業務を行う営業所を新たに設けようとする場合には、財務大臣にその旨を届け出ることができ、当該届出が財務大臣に受理された時に営業所の新設の許可がされたものとみなされる。

※　「営業区域の制限（9条）」が廃止された。

　　（平成28年度法令改正より）

☞許可の特例の規定による届出手続

　営業所の新設に係る許可の特例の規定による届出は、次に掲げる事項を記載した届出書を財務大臣に提出することにより行うものとする。

　また、届出書には、届出に係る営業所において通関業務に従事させようとする者の氏名を記載した書面その他参考となるべき書面を添付しなければならない。

届出書記載事項	①　当該営業所の名称及び所在地 ②　当該営業所の責任者の氏名及び通関士の数 ③　当該営業所における通関業務に係る取扱貨物が一定の種類のもののみに限られる場合には当該貨物の種類

☞空欄穴埋め問題67

1. 営業所新設の許可基準

　　通関業者は、通関業務を行う営業所を（①）に設けようとする
ときは、（②）の許可を受けなければならない。

　　「通関業の許可基準」並びに「十分な（③）信用、業務（④）」
及び「通関士（⑤）」が許可基準となる。

2. 営業所の新設の許可申請手続

　　営業所の（⑥）の許可を受けようとする通関業者は、次に掲げ
る事項を記載した（⑦）を財務大臣に提出しなければならない。

⑴　当該営業所の（⑧）及び所在地

⑵　当該営業所の責任者の氏名及び（⑨）

⑶　当該営業所の通関業務に係る（⑩）が一定の種類のもののみ
　　に限られる場合には当該（⑪）の種類

　　この許可申請書には、「許可を受けようとする営業所におい
て通関業務に（⑫）させようとする者の氏名」「通関業務の用に
供される（⑬）」「営業所において行われる見込みの通関業務の
（⑭）及びその算出の基礎を記載した書面」を（⑮）しなければ
ならない。

3. 営業所の新設に係る許可の特例

　　（⑯）である通関業者は、通関業務を行う営業所を新たに設け
ようとする場合には、（②）にその旨を届け出ることができる。
この際の届出に係る営業所については、当該届出が（⑰）された
時において、許可を受けたものとみなす。

4. 許可の特例の規定による届出手続

　　営業所の新設に係る（⑱）の規定による届出は、次に掲げる事項
を記載した届出書を（②）に提出することにより行うものとする。

⑴　当該営業所の（⑧）及び（⑲）

⑵　当該営業所の（⑳）及び通関士の数

⑶　当該営業所における通関業務に係る取扱貨物が（㉑）のもの
　　のみに限られる場合には当該貨物の（㉒）

　　なお、届出書には、届出に係る営業所において通関業務に従
事させようとする者の（㉓）を記載した書面その他参考となるべ
き書面を（⑮）しなければならない。

[空欄の答えは次ページにあります]

☞前ページ空欄の答え
　①新た
　②財務大臣
　③社会的
　④遂行能力
　⑤設置要件
　⑥新設
　⑦許可申請書
　⑧名称
　⑨通関士の数
　⑩取扱貨物
　⑪貨物
　⑫従事
　⑬資産の明細
　⑭量
　⑮添付
　⑯認定通関業者
　⑰受理
　⑱許可の特例
　⑲所在地
　⑳責任者の氏名
　㉑一定の種類
　㉒種類
　㉓氏名

　《参照条文》
　通関業法8条、9条
　通関業法施行令1条、2条

問題68
通関業法11条の2に規定する許可の承継について説明せよ。

☞解答の指針
・個人の場合

　通関業の許可を受けている者が死亡した場合、その相続人が被相続人の「通関業の許可に基づく地位を承継」する。被相続人の死亡後60日以内にその承継について財務大臣に承継の承認申請を行い、承認を受けることにより、承継することができる。また、通関業を譲り渡した場合には、あらかじめ財務大臣の承認を受けることにより、譲り受けた者は、通関業の許可に基づく地位を承継することができる。

・法人の場合

　通関業者について合併若しくは、分割（通関業を承継させるものに限る。）があった場合又は、通関業を譲り渡した場合には、あらかじめ財務大臣の承認を受けることにより、合併後存続する法人、合併により設立された法人、分割により通関業を承継した法人又は、通関業を譲り受けた法人は、「通関業の許可に基づく地位」を承継することができる。

　ただし、通関業の許可基準（通関業法5条各号）のいずれかに適合しない場合や、欠格事由（通関業法6条各号）のいずれかに該当する場合には、承認はされない。
　財務大臣は、「通関業の許可に基づく地位の承継」をする際に、承認をしようとする承継に係る通関業の許可について条件を取り消し、変更し、又は新たに条件を付することができる。また、財務大臣は、承認をしたときには、直ちにその旨を公告しなければならない。

☞通関業の許可に基づく地位のフロー（法人の場合）

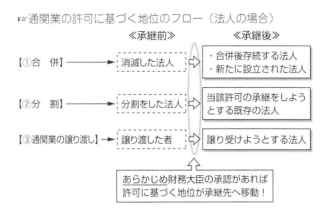

≪承継前≫　　　≪承継後≫

【①合　併】─────▶ 消滅した法人 ⇨ ・合併後存続する法人
　　　　　　　　　　　　　　　　　　・新たに設立された法人

【②分　割】─────▶ 分割をした法人 ⇨ 当該許可の承継をしよう
　　　　　　　　　　　　　　　　　とする既存の法人

【③通関業の譲り渡し】─▶ 譲り渡した者 ⇨ 譲り受けようとする法人

あらかじめ財務大臣の承認があれば
許可に基づく地位が承継先へ移動！

☞空欄穴埋め問題68

1. 通関業者について相続があったときは、その相続人（相続人が２人以上ある場合において、その（①）により通関業の許可に基づく（②）を承継すべき相続人を選定したときは、その者）は、被相続人の当該許可に基づく（②）を承継する。

2. 通関業の許可に基づく地位を承継した者（「承継人」という。）は、被相続人の死亡後（③）以内に、その承継について財務大臣に（④）の申請をすることができる。

3. 通関業者について合併若しくは（⑤）（通関業を承継させるものに限る。）があった場合又は通関業者が通関業を譲り渡した場合において、（⑥）財務大臣の（④）を受けたときは、合併後存続する法人若しくは合併により設立された法人若しくは（⑤）により通関業を承継した法人又は通関業を譲り受けた者は、当該合併により消滅した法人若しくは当該（⑤）をした法人又は当該通関業を譲り渡した者の当該通関業の許可に基づく（②）を承継することができる。

4. 上記２及び３の（④）を受けようとする者は、必要事項を記載した申請書を、財務大臣に提出しなければならない。
   その際、申請書には、原則として、申請者の（⑦）を示す書面その他財務省令で定める書面を添付しなければならない。

5. 財務大臣は、上記２及び３の規定により（④）をするに際しては、当該承認をしようとする承継に係る（⑧）について付された条件を取り消し、（⑨）し、又は新たに条件を付することができる。

6. 財務大臣は、上記２及び３の（④）をしたときは、直ちにその旨を（⑩）しなければならない。

[空欄の答えは次ページにあります]

☞前ページ空欄の答え
　①全員の同意
　②地位
　③60日
　④承認
　⑤分割
　⑥あらかじめ
　⑦資産の状況
　⑧通関業の許可
　⑨変更
　⑩公告

《参照条文》
通関業法11条の2
通関業法施行令3条

問題69
　通関業法10条（許可の消滅）に関し、次の事項について説明せよ。
1．通関業の許可の消滅事由
2．通関業者が1の消滅事由に該当したときに、財務大臣が行う手続
3．通関業の許可が消滅した際に、現に進行中の通関手続がある場合の取扱い
4．通関業の許可が消滅したときの届出者

☞解答の指針
　一定の事由に該当した場合、当然に許可の効力が失われることを許可の消滅という。
　この問題は、次問の「通関業の許可の取消し」とともに、図解の比較表を用いて、覚えるとよい。
　通関業の許可が消滅した場合には、通関業法で定める者が遅滞なく財務大臣に届ける必要があるが、どのような事由の場合、誰が届けるのかは、試験にはよく出題されている。整理しておこう。
　なお、本テーマに関連するものとして、通関業法6条に規定する「欠格事由」がある。過去には、この「欠格事由」が語群選択式として出題されている。したがって、欠格事由についても語群選択式対策を練っておこう。

☞通関業の許可の消滅の仕組み

　i　許可の消滅と許可の取消しの相違点①

　　→消滅事由と取消事由

許可の消滅事由	許可の取消事由
(1)通関業を廃止したとき (2)死亡した場合で、通関業の許可の承継について承認申請がされなかったとき、又は非承認となった場合 (3)法人が解散したとき (4)破産手続開始の決定を受けたとき	(1)　偽りその他不正の手段により通関業の許可を受けたことが判明したとき (2)　欠格事由（通関業法6条）に該当するに至ったとき 　a　心身の故障により通関業務を適正に行うことができない者として財務省令で定めるものに該当することとなったとき 　b　禁錮以上の刑に処せられたとき 　c　関税に関する一定の犯罪及び国税・地方税ほ脱罪等により罰金刑に処せられ、又は通告処分（科料に相当する金額に係る通告処分を除く。）を受けたとき 　d　通関業法違反で罰金刑を受けたとき 　e　暴力団員による不当な行為の防止等に関する法律に違反し、又は刑法上の一定の罪若しくは、暴力行為等処罰に関する法律の罪を犯し、罰金刑に処せられたとき 　f　暴力団員による不当な行為の防止等に関する法律に規定する暴力団員に該当するに至ったとき 　g　法人であってその役員が欠格事由のいずれかに該当するに至ったとき 　h　暴力団員等によりその事業活動を支配されるに至ったとき

　ii　許可の消滅と許可の取消しの相違点②

　　→許可の効力がなくなるとき

許可の消滅	許可の取消し
消滅事由に該当したときは、許可の効力は当然になくなる。	取消事由に該当しても、直ちに許可の効力がなくなるのではなく、財務大臣による取消しという行政処分があって初めてその効力がなくなる。

☞空欄穴埋め問題69

1. 通関業の許可の消滅事由

通関業者が次のいずれかに該当するときは、当該通関業の許可は、消滅する。

⑴ 通関業を（①）したとき

⑵ （②）した場合で、通関業法11条の2第2項（許可の承継）の規定による申請が被相続人の死亡後（③）以内にされなかったとき、又は同項の（④）をしない旨の処分があったとき

⑶ 法人が（⑤）したとき

⑷ （⑥）の決定を受けたとき

2. 財務大臣が行う手続

財務大臣は、通関業者が上記1に該当したことにより当該通関業の許可が消滅したときは、（⑦）なくその旨を（⑧）しなければならない。その場合の（⑧）は、（⑨）の適宜の見やすい場所に当該通関業者の住所、氏名又は、名称及び（⑩）した日を掲示して行うこととされている。

3. 許可が消滅した場合に、現に進行中の通関手続がある場合の取扱い

当該手続については、その（⑪）が引き続き当該許可を受けているとみなされる。ただし、その者が死亡した場合には、その（⑫）が、また法人が合併により解散した場合には、（⑬）又は（⑭）が、引き続き当該許可を受けているとみなされる。

4. 通関業の許可が消滅したときの届出者

通関業の許可が消滅したときは、遅滞なくその旨を財務大臣に届け出なければならないが、この場合の届出者は、次のとおりである。

イ 通関業者が通関業を（①）した場合には、通関業者であった個人又は通関業者であった法人を代表する（⑮）

ロ 通関業者が（②）した場合には、（⑫）

ハ 通関業者である法人が合併により（⑤）した場合には、通関業者であった法人を代表する（⑮）であった者

ニ 通関業者である法人が合併又は（⑯）以外の理由により（⑤）した場合には、（⑰）

[空欄の答えは次ページにあります]

☞前ページ空欄の答え

①廃止

②死亡

③60日

④承認

⑤解散

⑥破産手続開始

⑦遅滞

⑧公告

⑨税関官署

⑩消滅

⑪許可を受けていた者

⑫相続人

⑬合併後存続する法人

⑭合併により設立された法人

⑮役員

⑯破産手続開始の決定

⑰清算人

《参照条文》

通関業法10条

通関業法基本通達

通関業法施行令4条

7 通関業の許可の取消し

重要度 特A

問題70

　通関業法11条（許可の取消し）に関し、次の事項について説明せよ。
　1．通関業の許可の取消事由
　2．通関業の許可を取り消す際、財務大臣が行う手続

☞解答の指針

　前問の「通関業の許可の消滅」と混同しないように図解を用いて2つの違いを確認しておくことが必要である。

　通関業の許可の取消しは、通関業者に対する重大な不利益処分である。したがって財務大臣は、判断の慎重性を確保するため、第三者である審査委員の意見を聴かなければならないと規定している。

☞通関業の許可の取消しの仕組み

　i 許可の消滅と許可の取消しの相違点③

　　→消滅・取消しの際、現に進行中の通関手続がある場合

許可の消滅	許可の取消し
次の者が、当該手続については引き続き許可を受けているものとみなす。 通関業の廃止・破産手続開始の決定の場合→**許可を受けていた者** 死亡の場合→**相続人** 法人が合併により消滅の場合→**合併後存続する法人** or 合併により設立された法人	直ちに依頼者に返すか、又は、他の通関業者に引き継がせなければならない。（通関業法基本通達）

　ii 許可の消滅と許可の取消しの相違点④

　　→許可の消滅・取消しに関し、財務大臣がとる手続

許可の消滅	許可の取消し
財務大臣は、通関業の許可が消滅したときは、遅滞なくその旨を公告しなければならない。	財務大臣は、通関業の許可の取消しをしようとするときは、審査委員の意見を聴かなければならない。 財務大臣は、この場合当該処分について意見を聴くため、必要があるときは、3人以内の審査委員を委嘱する。

☞空欄穴埋め問題70

1. 通関業の許可の取消事由

　　通関業者が次のいずれかに該当した場合には、財務大臣
はその許可を取り消すことができる。

(1)　（①）により通関業の許可を受けたことが判明したとき

(2)　（②）により通関業務を適正に行うことができない者と
　　して財務省令で定めるものに該当することとなったとき

(3)　（③）以上の刑に処せられたとき

(4)　（④）に関する一定の犯罪及び国税・（⑤）ほ脱罪等に
　　より（⑥）刑に処せられ、又は（⑦）（科料に相当する
　　金額に係る（⑦）を除く。）を受けたとき

(5)　（⑧）違反で（⑥）刑を受けたとき

(6)　「暴力団による不当な行為の防止等に関する法律」
　　に違反し、又は（⑨）上の一定の罪若しくは、（⑩）に
　　関する法律の罪を犯し、（⑥）刑に処せられたとき

(7)　「暴力団による不当な行為の防止等に関する法律」
　　に規定する暴力団員に該当するに至ったとき

(8)　法人であってその（⑪）が欠格事由のいずれかに該当
　　するに至ったとき

(9)　暴力団員等によりその事業活動を（⑫）されている者

2. 通関業の許可を取り消す際、財務大臣が行う手続

　　財務大臣は、通関業の許可の取消しをしようとするとき
は、（⑬）の意見を聴かなければならない。

　　（⑭）は、この場合当該処分について意見を聴くため、
必要があるときは、（⑮）以内の（⑬）を委嘱する。

　　　　　　　　　　[空欄の答えは次ページにあります]

☞前ページ空欄の答え

①偽りその他不正の手段

②心身の故障

③禁錮

④関税

⑤地方税

⑥罰金

⑦通告処分

⑧通関業法

⑨刑法

⑩暴力行為等処罰

⑪役員

⑫支配

⑬審査委員

⑭財務大臣

⑮3人

《参照条文》

通関業法6条、11条

問題71
　通関業法40条の3に規定する権限の委任について説明せよ。

☞解答の指針
　財務大臣は、政令で定めるところにより、その権限の一部を税関長に委任することができる。
　委任事項については、図解の表を用いて覚えておくとよい。

☞権限の委任事項
　財務大臣の権限は、下表のように税関長に委任される（通関業法施行令14条）。

委任される税関長	委任事項
①通関業の許可を受けようとする者が通関業務を行おうとする営業所の所在地（当該営業所が2以上ある場合には、主たるものの所在地）を管轄する税関長（施行令14条1項1号）	1．通関業の許可、許可に条件を付すること（3条1項、2項） 2．通関業の許可申請書の提出先（4条1項） 3．許可基準の審査（5条） 4．欠格事由の審査（6条）
②当該権限の行使の対象となる者が通関業務を行う営業所の所在地（当該営業所が2以上ある場合には、主たるものの所在地）を管轄する税関長※（施行令14条1項2号）	1．通関業の許可に条件を付すること、公告・許可証の交付（3条2項、4項） 2．営業所の新設の許可（8条1項） 3．許可の基準の審査（8条2項で準用する5条） 4．営業所の新設に係る許可の特例（9条1項） 5．通関業の廃止等による通関業許可の消滅の公告（10条2項） 6．許可の取消し及び取消しをしようとするときの審査委員への意見聴取（11条2項） 7．通関業の許可事項の変更手続に係る届出（12条）

	8．通関業務の従業者の氏名及び異動先、定期報告書の提出（22条2項、3項） 9．通関士の確認（31条1項） 10．通関業者に対する業務改善命令（33条の2） 11．通関業者に対する業務の停止又は許可の取消し、通関士に対する懲戒処分（34条1項、2項、35条） 12．通関業者への処分に対する審査委員からの意見の聴取、処分の通知（37条） 13．報告の徴取等、審査委員の委嘱（38条1項、39条1項）
③通関業の許可の承継に規定する通関業者に係る2号税関長[*]（施行令14条1項3号）	1．通関業の許可に基づく地位を承継した者の承認申請先（11条の2第2項） 2．許可基準の審査（5条）又は欠格事由の審査（6条）及び承認（11条の2第3項） 3．法人の合併若しくは分割又は、通関業を譲り渡した場合の承継（11条の2第4項） 4．法人の合併若しくは分割又は、通関業を譲り渡した場合の許可基準の審査（5条）又は欠格事由の審査（6条）及び承認（11条の2第5項） 5．承継の承認をする際の通関業の許可の条件（11条の2第6項）
④通関業の許可に基づく地位の承継の承認をした税関長（施行令14条1項4号）	承継の承認の公告（11条の2第7項）
⑤調査の申出の規定による申出の対象となる者に係る2号税関長[*]（施行令14条1項5号）	「何人も、通関業者又は通関士に34条1項又は35条1項に該当する事実があると認めたときは、財務大臣に対し、その事実を申し出て、適当な措置をとるべきことを求めることができる。（36条）」とする規定による申出の対象

※2号税関長……「②当該権限の行使の対象となる者が通関業務を行う営業所の所在地（当該営業所が2以上ある場合には、主たるものの所在地）を管轄する税関長」を業法施行令14条においては、1項3号以降、「2号税関長」と記している。

☞空欄穴埋め問題71

1. 権限の委任

（①）は、政令で定めるところにより、その（②）を（③）に（④）することができる。

2. 委任事項

財務大臣の権限のうち、次に掲げるものは、当該に定める税関長に委任される。

(1) 通関業の許可を受けようとする者が通関業務を行おうとする（⑤）の所在地（当該営業所が2以上ある場合には、主たるものの所在地）を管轄する（③）に対し、通関業の許可、許可に（⑥）を付すること、通関業の（⑦）の提出先、（⑧）の審査、（⑨）の審査を委任することができる。

(2) 当該権限の（⑩）の対象となる者が通関業務を行う（⑤）の所在地（当該営業所が2以上ある場合には、主たるものの所在地）を管轄する（③）に対し、営業所の（⑪）の許可の権限、通関業の廃止等による通関業許可の（⑫）の公告、通関業者に対する（⑬）の権限等が委任できる。

[空欄の答えは次ページにあります]

☞前ページ空欄の答え

①財務大臣

②権限の一部

③税関長

④委任

⑤営業所

⑥条件

⑦許可申請書

⑧許可基準

⑨欠格事由

⑩行使

⑪新設

⑫消滅

⑬業務改善命令

《参照条文》

通関業法40条の3

通関業法施行令14条

通関業法33条の2

問題72

　通関業者が通関士試験合格者を通関士として通関業務に
従事させようとする場合に必要とされる手続について説明
せよ。

☞解答の指針

　通関業者は、通関士試験合格者を何の手続もなしに、通関
士としてその通関業務に従事させることはできない。「通関
士」と名乗らせて、通関業務に従事させるためには、財務大
臣の確認を受けることが必要である。その際の手続として、
一定事項を記載した「通関士確認届」に、必要な書類を添付
して財務大臣に提出しなければならないわけだが、その際の
届出事項が本試験で出題されることになる。

☞通関士の資格の取得の仕組み

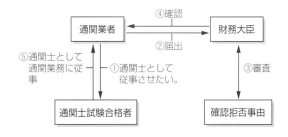

☞空欄穴埋め問題72

(1) 通関業者は、通関士試験に合格した者を通関士という名称を用いてその通関業務に従事させようとするときは、次に掲げる事項を財務大臣に（①）て、その者が確認拒否事由に該当しないことの（②）を受けなければならない。

　　なお、届出は、「通関士確認届」により行う。

イ　その者の（③）

ロ　（④）営業所の名称

ハ　その者の通関士試験合格の（⑤）及びその合格証書の（⑥）

ニ　その他参考となるべき事項

(2) 通関士の確認に係る届出に関する書面（「通関士確認届」）には、当該届出に係るものが通関業法31条2項1号及び2号に該当しないことを証する書面、その他参考となるべき書面を（⑦）しなければならない。

[空欄の答えは次ページにあります]

☞前ページ空欄の答え
　①届け出
　②確認
　③氏名
　④通関業務に従事させようとする
　⑤年度
　⑥番号
　⑦添付

《参照条文》
通関業法31条
通関業法施行令13条

問題73

次の事項について説明せよ。

1. 通関業法31条2項（確認）の規定により通関士になることができない事由
2. 通関業法32条（通関士の資格の喪失）の規定により通関士の資格を喪失する事由

☞解答の指針

通関業者は、通関士試験に合格した者を通関士という名称を用いてその通関業務に従事させようとする場合には、一定の手続により、財務大臣の確認を受けなければならない（問題72を参照のこと）。その際に、当該届出に係る者が「確認拒否事由」に該当しないことを証する書面、その他参考となるべき書面を添付しなければならない。

通関士になることができない事由とは、つまりはこの「確認拒否事由」のことであり、設問1は、このポイントを理解し記述すれば解答となる。記述事項のあまりの多さに大変であるように思われがちだが、実は通関業法6条に規定する欠格事由を覚えていれば、新たに付け加えるべき記述事項はわずか3つだけなのである。

確認を受けて通関士となっても、確認を受けた通関業者の通関業務に従事しないこととなった、合格の決定が取り消された等、一定の事由に該当すると通関士として通関業務に従事する資格を失う。これが通関士の資格の喪失事由である。なお、通関士の資格が喪失しても、一般従業者として通関業務に従事することは可能であるので注意すること。

☞通関士になることができない事由（確認拒否事由）

通関業法６条に規定する欠格事由に該当する場合

＋

（1）関税に関する一定の犯罪を犯した日から２年を
経過しない場合

＋

（2）監督処分により、業務停止中の場合

＋

（3）懲戒処分により、従業停止中の場合

☞空欄穴埋め問題73

次に掲げた事由に該当する者は、通関士になることができない。

⑴ （①）により通関業務を適正に行うことができない者として財務省令で定めるもの

⑵ （②）の決定を受けて復権を得ない者

⑶ （③）以上の刑に処せられたもので、その執行を終わり、又は執行を受けることがなくなった日から3年を経過しないもの

⑷ （④）に関する一定の犯罪、及び国税・地方税ほ脱罪等により（⑤）に処せられ又は（⑥）を受けた者で、それぞれの刑の執行を終わり、若しくは執行を受けることがなくなった日又はその通告の旨を履行した日から（⑦）を経過しないもの

⑸ 通関業法違反により（⑤）に処せられたもので、その執行を終わり、又は執行を受けることがなくなった日から（⑦）を経過しないもの

⑹ 「（⑧）による不当な行為の防止等に関する法律」の規定に違反し、又は（⑨）の罪を犯した者若しくは「（⑩）に関する法律」の罪を犯し、（⑤）に処せられた者であって、その執行を終わり、又は執行を受けることがなくなった日から⑾を経過しないもの

⑺ 「（⑧）による不当な行為の防止等に関する法律」に規定する（⑧）又は（⑧）でなくなった日から（⑿）を経過していない者

⑻ ⒀の許可を取り消された者又は⒁に従事することを禁止された者であって、これらの処分を受けた日から⑾を経過しないもの

⑼ ⒂で懲戒免職の処分を受け、当該処分を受けた日から⑾を経過しないもの

⑽ ⒃に関する一定の犯罪に該当する違反行為があった場合で、当該違反行為があった日から⑾を経過しないもの

⑾ ⒄により通関業務の停止処分を受けたもので、⒅であるもの

⑿ ⒆により通関業務に従事することを停止されたもので、⒇であるもの

次のいずれかに該当する場合は、通関士の資格は喪失する。

⑴ ㉑を受けた通関業者の通関業務に（㉒）こととなった場合

⑵ 通関業法6条の（㉓）に該当するに至った場合

⑶ 通関士試験の（㉔）が取り消された場合

⑷ （㉕）により確認を受けたことが判明した場合

[空欄の答えは次ページにあります]

☞前ページ空欄の答え
①心身の故障
②破産手続開始
③禁錮
④関税
⑤罰金刑
⑥通告処分
⑦3年
⑧暴力団員
⑨刑法
⑩暴力行為等処罰
⑪2年
⑫5年
⑬通関業
⑭通関業務
⑮公務員
⑯関税
⑰監督処分
⑱業務停止処分中
⑲懲戒処分
⑳従業停止処分中
㉑確認
㉒従事しない
㉓欠格事由
㉔合格の決定
㉕偽りその他不正の手段

《参照条文》
通関業法6条、31条、32条

問題74
　通関業法13条に規定する通関士の設置義務について説明せよ。

☞解答の指針

　通関業者は、通関業務を適正に行うため、その通関業務を行う営業所ごとに、政令で定めるところにより、通関士を置かなければならない。この場合、営業所ごとに、通関業務に係る貨物の数量及び種類並びに通関書類の数、種類及び内容に応じて必要な員数の通関士を置かなければならない。

　ただし、「営業所において取り扱う通関業務に係る貨物が通関業の許可の条件として一定の種類の貨物のみに限られている場合」は、通関士の設置は不要である。

☞通関士の設置の仕組み

　　通関士設置の義務

原則─── 通関業務を行う営業所ごとに
通関士を置かなければならない。

例外－通関士の設置が不要

通関業の
許可の際 → 貨物限定条件の付与 → 通関士の設置
は不要

☞空欄穴埋め問題74

通関業者は、通関業務を適正に行うため、その通関業務を行う営業所ごとに（①）を置かなければならない。

この場合、営業所ごとに通関業務に係る貨物の（②）及び（③）並びに（④）の数、種類及び（⑤）に応じて必要な員数の通関士を置かなければならない。

ただし、営業所において取り扱う通関業務に係る貨物が通関業の許可の条件として（⑥）の貨物のみに限られている場合は、この限りでない。

[空欄の答えは次ページにあります]

☞前ページ空欄の答え
　　①通関士
　　②数量
　　③種類
　　④通関書類
　　⑤内容
　　⑥一定の種類

　　　《参照条文》
　　　通関業法13条
　　　通関業法施行令５条

問題75
　通関士による通関書類の審査制度について、その趣旨及び内容を具体的に説明せよ。

☞解答の指針
　趣旨については、通関業法１条を参考にするのがよい。
　「通関業者は、他人の依頼に応じて税関官署等に提出する通関書類のうち一定のものについては、通関士にその内容を審査させ、かつ、これに記名させなければならない」。
　これがこの制度の内容であり、また、通関業者に課せられた義務の一つである。なお、この義務は、通関士が通関業務に従事していない営業所においては生じない。択一式や複数選択式の問題では審査の必要な通関書類の具体的な名称も出題されるので、しっかり覚えよう。

☞通関士による通関書類の審査制度の趣旨

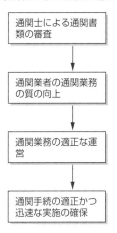

通関士による通関書
類の審査

↓

通関業者の通関業務
の質の向上

↓

通関業務の適正な運
営

↓

通関手続の適正かつ
迅速な実施の確保

☞空欄穴埋め問題75

1. 趣旨

　　通関士による通関書類の審査制度の趣旨は、国家試験に
合格し通関業務について（①）を有する通関士に、通関書
類のうち一定のものについてその内容を（②）させること
により、通関業者の行う（③）を高め、その通関業務の（④）
を図り、ひいては、通関手続の（⑤）な実施を（⑥）しよう
とすることにある。

2. 内容

⑴　通関業者は、（⑦）に応じて税関官署等に提出する通関
　　書類のうち一定のもの（通関士が通関業務に従事してい
　　る営業所における通関業務に係るものに限る。）につい
　　ては、通関士にその内容を（②）させ、かつ、これに（⑧）
　　させなければならない。

⑵　⑴の一定の通関書類とは、次のものとされている。

　イ　問題64（P281）の１⑴イからホまでに掲げる申告
　　　又は申請に係る申告書及び申請書

　ロ　問題64（P281）の１⑵に掲げる不服申立てに係
　　　る（⑨）

　ハ　関税法７条の２第１項に規定する（⑩）

　ニ　修正申告書及び（⑪）

　　　　　　　　　　　[空欄の答えは次ページにあります]

☞前ページ空欄の答え
　①専門的知識
　②審査
　③通関業務の質
　④適正な運営
　⑤適正かつ迅速
　⑥確保
　⑦他人の依頼
　⑧記名
　⑨不服申立書
　⑩特例申告書
　⑪更正請求書

《参照条文》
通関業法14条
通関業法施行令6条

問題76

通関業法に規定する通関業者及び通関士の義務（又は禁止行為）に関し、次の事項について説明せよ。

・通関業者及び通関士の双方に課されている義務（又は禁止行為）と、それぞれの内容

☞解答の指針

通関業者と通関士の双方に共通する義務・禁止行為は、「秘密を守る義務」「名義貸しの禁止」「信用失墜行為の禁止」の３つである。次ページの図を使って確認しておこう。

☞通関業者・通関士の業務上の義務の仕組み①

通関業者	通関士	従業者
秘密を守る義務※1		
名義貸しの禁止		
信用失墜行為の禁止※2		
通関士の設置義務		
通関士に審査等させる義務		
料金掲示の義務		
記帳、届出、報告等の義務		

※1　通関業者（法人である場合の役員を含む。）、通関士、
　　その他の通関業務の従業者が、これらの者でなくなった
　　場合も同様とする。
※2　通関業者が法人である場合の役員を含む。

☞空欄穴埋め問題76

通関業者及び通関士の双方に課されている義務（又は禁止行為）

(1) **秘密を守る義務**

　　通関業者（法人である場合には、その役員）及び通関士は、（①）がなくて、通関業務に関して知り得た秘密を他に（②）、又は（③）してはならない。これらの者が（④）も、同様とする。

(2) **名義貸しの禁止**

　　通関業者は、その（⑤）を他人に（⑥）のため使用させてはならない。また、通関士は、その（⑦）を他人に（⑧）のため使用させてはならない。

(3) **信用失墜行為の禁止**

　　通関業者（法人である場合にはその役員）及び通関士は、通関業者又は通関士の（⑨）又は（⑩）を（⑪）ような行為をしてはならない。

[空欄の答えは次ページにあります]

☞前ページ空欄の答え
①正当な理由
②漏らし
③盗用
④これらの者でなくなった後
⑤名義
⑥通関業
⑦名義
⑧通関業務
⑨信用
⑩品位
⑪害する

《参照条文》
通関業法17条、19条、20条、33条

問題77
　通関業法に規定する通関業者及び通関士の義務（又は禁止行為）に関し、次の事項について説明せよ。
・通関業者にのみ課される義務と、それぞれの内容

☞解答の指針
　義務の問題では、通関業者、通関士、従業者に分け、それぞれどのような義務が課されているかしっかり覚えること。なお、その際には、三者に共通の義務、通関業者と通関士に共通の義務、通関業者のみの義務は何かを確認すること。

☞通関業者・通関士の業務上の義務の仕組み②

① 料金掲示の義務

輸入申告 ―円
輸出申告 ―円

→ 通関業務、関連業務について
依頼者の見やすいように

② 通関士を営業所ごとに設置する義務

営業所A ← 通関士　設置!!
営業所B ← 通関士　設置!!

③ 通関士に通関書類を審査させ、記名させる義務

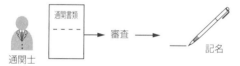

通関士　通関書類 → 審査 → 記名

④ 記帳の義務

→ 収入に関する事項の記入

⑤ 届出の義務

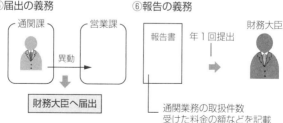

通関課 → 営業課　異動
財務大臣へ届出

⑥ 報告の義務

財務大臣
報告書　年1回提出 →
通関業務の取扱件数
受けた料金の額などを記載

☞空欄穴埋め問題77

通関業者にのみ課されている義務

(1) **料金掲示の義務**

通関業者は、通関業務（（①）を含む。）の（②）を、営業所において依頼者の見やすいように（③）しなければならない。

(2) **通関士の設置義務**

通関業者は、その通関業務を行う営業所ごとに、原則として（④）を設置しなければならない。

(3) **通関士に通関書類を審査させ記名させる義務**

通関業者は、他人の依頼に応じて税関官署等に提出する通関書類のうち一定のものについては、通関士にその（⑤）を（⑥）させ、かつ、これに（⑦）させなければならない。

(4) **記帳、届出、報告等の義務**

イ 通関業者は、通関業務（（⑧）を含む。）に関して（⑨）を設け、その（⑩）を記入するとともに、その取扱いに係る通関業務に関する書類を（⑪）間保存しなければならない。

ロ 通関業者は、通関士その他の通関業務の従業者（通関業者が法人である場合には、（⑫）役員及び通関士その他の通関業務の従業者）の（⑬）及び（⑭）を財務大臣に届け出なければならない。

ハ 通関業者は、その取扱いに係る通関業務（（⑧）を含む。）の（⑮）、これらについて受けた（②）その他通関業務に係る事項を記載した（⑯）を、（⑰）財務大臣に提出しなければならない。

[空欄の答えは次ページにあります]

☞前ページ空欄の答え

　①関連業務

　②料金の額

　③掲示

　④通関士

　⑤内容

　⑥審査

　⑦記名

　⑧関連業務

　⑨帳簿

　⑩収入に関する事項

　⑪３年

　⑫通関業務を担当する

　⑬氏名

　⑭異動

　⑮件数

　⑯報告書

　⑰毎年１回

　《参照条文》

　通関業法13条、14条、18条、22条

　通関業法施行令８条３項

問題78
　次の事項について説明せよ。
　１．更正に関する意見の聴取（通関業法15条）
　２．検査の通知（通関業法16条）

☞解答の指針

　通関業者は「業として」独占的に通関業務を行う権利と通関業者の名称を用いて関連業務を行う権利のほかに、次の２つの権利を有する。

　(1)　増額更正に際する意見陳述の権利
　(2)　税関の検査の立会いの権利

　なお、この２つの権利の本質的な趣旨は、通関業務を通関業者に依頼した者の正当な利益の保護にあるが、形式的には通関業者の権利である。

　税関長が行う増額更正処分は、納税申告者（通関業者に通関業務を依頼した者）にとって不利益な処分であるので、税関長が増額更正処分を行う場合には、納税申告者に代理して納税申告を行った通関業者が、納税申告者側の立場から税関とは異なった見解を主張することもあり得るので、あらかじめその意見を聴取して、増額更正処分の適正を期すものである。

　なお、(1)通関業法15条（更正に関する意見の聴取）と(2)通関業法16条（検査の通知）はセットで出題されることが多いが、いずれかが単独で出題されることもあり得るので注意すること。

☞更正に関する意見の聴取の仕組み

```
┌─────────────────────────────────────────────┐
│ 通関業者が他人の依頼に応じて税関官署に対してした │
│ 納税申告について                                │
└─────────────────────────────────────────────┘
                    ↓
┌─────────────────────────────────────────────┐
│ (1)当該申告に係る貨物の関税率表上の適用上の所属又は │
│    課税価格の相違                               │
│ (2)その他関税に関する法令の適用上の解釈の相違により │
└─────────────────────────────────────────────┘
                    ↓
┌─────────────────────┐
│ 増額更正する場合        │
└─────────────────────┘
                    ↓
┌─────────────────────────────────────────────┐
│ 税関長は、その相違に関し通関業者に意見を述べる機会 │
│ を与えなければならない。                          │
└─────────────────────────────────────────────┘
```

☞空欄穴埋め問題78

1. 更正に関する意見の聴取

　　通関業者が（①）に応じて税関官署に対してした（②）について（③）をすべき場合において、当該（③）が、当該申告に係る貨物の（④）又は（⑤）の相違その他関税に関する法令の（⑥）の相違に基因して、納付すべき関税の額を（⑦）するものであるときは、税関長は、当該通関業者に対し、当該相違に関し（⑧）を述べる機会を与えなければならない。

　　ただし、当該関税の額の増加が、（⑨）又は（⑩）の誤り、その他これに類する（⑪）誤りに基因するものである場合は、その必要はない。

2. 検査の通知

　　また、税関長は、通関業者の行う通関手続に関し、（⑫）に関税法67条の検査その他これに準ずる（⑬）に関する法律の規定に基づく検査で政令で定めるものをさせるときは、当該通関業者又はその（⑭）の（⑮）を求めるため、その旨を当該通関業者に通知しなければならない。

[空欄の答えは次ページにあります]

☞前ページ空欄の答え

①他人の依頼

②納税の申告

③更正

④関税率表の適用上の所属

⑤課税価格

⑥適用上の解釈

⑦増加

⑧意見

⑨計算

⑩転記

⑪客観的に明らかな

⑫税関職員

⑬関税

⑭従業者

⑮立会い

《参照条文》
通関業法15条、16条

16 通関業者に対する監督処分 重要度 特A

問題79

通関業者に対する監督処分に関し、次の事項について説明せよ。
1. 監督処分の種類
2. 監督処分に付される場合
3. 監督処分を行う場合の手続
4. 通関業法33条の2に規定する業務改善命令について説明せよ。

☞解答の指針

監督処分の種類は、「1年以内の期間を定めた通関業務の全部若しくは一部の停止」「通関業の許可の取消し」の2種類である。なお監督処分による通関業の許可の取消しは、許可の取消事由に該当した場合の許可の取消し(通関業法11条)とは別個のものであるので混同しないようにする。

監督処分に付される場合は、(1)通関業者自身が関税法等の規定に違反したとき、(2)通関業者の役員等が関税法等の規定に違反し、又は通関業者の信用を害するような行為があった場合においてその通関業者の責めに帰すべき理由があるとき、の2つがある。

また、通関業法33条の2(業務改善命令)の規定がある。これは、通関業の適正な遂行のために必要があるときは、通関業者に対し、業務の運営の改善に必要な措置をとるよう命ずることができるという規定である。

☞「許可の取消し」の比較表

通関業の許可の取消しがされる場合には、通関業法11条に定める許可の取消しによる場合と、監督処分による場合がある。

	通関業法11条の規定による許可の取消し	監督処分による許可の取消し
要件	(1) 偽りその他不正の手段により許可を受けたことが判明したとき (2) 一定の欠格事由に該当したとき	(1) 通関業者自身が関税法等に違反したとき (2) 通関業者の役員等が関税法等に違反し又は通関業者の信用を害するような行為があった場合においてその通関業者の責めに帰すべき理由があるとき
		違反したという事実だけで(罰金刑等は受けなくとも)処分の対象となるので注意
行政手続	●「行政手続法」の規定に基づき、あらかじめ通関業者に通知し、聴聞を行う。 (通関業法の規定ではない。)	
処分の手続	●財務大臣は、審査委員の意見を聴かなければならない。	
	公告の必要あり	● 監督処分をするときは、その理由を付記した書面により、通関業者に通知 ● 処分後は、遅滞なく公告

☞空欄穴埋め問題79

1. 監督処分の種類

通関業者に対する監督処分の種類は次のとおりである。

⑴ （①）以内の通関業務の全部若しくは一部の（②）

⑵ （③）

2. 監督処分に付される場合

財務大臣は、通関業者が、次のいずれかに該当するときは、当該通関業者に対し監督処分を行うことができる。

⑴ 通関業者が、（④）、この法律に基づく命令若しくはこれらに基づく処分、（⑤）又は、（⑥）その他関税に関する法令の規定に違反したとき

⑵ 通関業者の（⑦）その他通関業務に従事する者につき、通関業法、この法律に基づく命令、若しくは関税法その他関税に関する法令の規定に違反するような行為があった場合、又は通関業者の（⑧）を害するような行為があった場合において、その通関業者の（⑨）があるとき

3. 監督処分を行う場合の手続

⑴ 財務大臣は、監督処分をしようとするときは、（⑩）の意見を聴かなければならない。

⑵ 財務大臣は、監督処分をするときは、その理由を付記した書面により、その旨を当該処分を受ける通関業者に対して（⑪）しなければならない。また、財務大臣は、監督処分をしたときは、遅滞なくその旨を（⑫）しなければならない。

4. 業務改善命令

財務大臣は、通関業の（⑬）のために必要があると認めるときは、その（⑭）において、通関業者に対してその（⑮）の改善に必要な措置をとるべきことを命ずることができ、当該命令は改善すべき事項、改善のため必要な（⑯）を明記した書面をもって通知される。

[空欄の答えは次ページにあります]

☞前ページ空欄の答え

①1年

②停止

③許可の取消し

④通関業法

⑤通関業の許可に付された条件

⑥関税法

⑦役員

⑧信用

⑨責めに帰すべき理由

⑩審査委員

⑪通知

⑫公告

⑬適正な遂行

⑭必要の限度

⑮業務の運営

⑯期限

《参照条文》

通関業法34条、37条、33条の2

通関業法基本通達

17 通関士に対する懲戒処分　重要度

問題80

　通関士に対する懲戒処分に関し、次の事項について説明
せよ。
1. 懲戒処分の種類
2. 懲戒処分に付される場合
3. 懲戒処分を行う場合の手続
4. 調査の申出

☞解答の指針

　懲戒処分の種類は、「戒告」「1年以内の通関業務への従業
停止」「2年間の通関業務への従事禁止」の3つである。詳
しくは、次ページの図を参照すること。

　手続は、財務大臣が意見を聴取する対象者が、<u>通関士が通
関業務に従事する通関業者</u>であることを除けば、前問（監督
処分）の場合と同じである。

　また、通関業者に監督処分に該当する事実があり、また、
通関士に懲戒処分に該当する事実があった場合には、何人も
財務大臣に適当な措置をとるべきことを求めることができ
る。

☞通関士に対する懲戒処分の仕組み

　i　懲戒処分と通関士資格

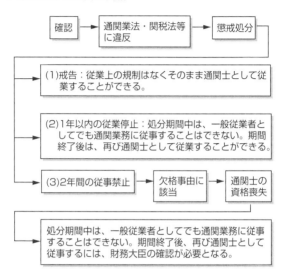

　ii　監督処分と懲戒処分

	監督処分（通関業者）	懲戒処分（通関士）
種 類	(1)　許可の取消し (2)　１年以内の通関業務の全部又は一部の停止	(1)　戒告 (2)　１年以内の通関業務への従業停止 (3)　２年間の通関業務への従事禁止
処分の手続	(1)　審査委員の意見を聴取　↓	(1)　通関士が通関業務に従事する通関業者の意見を聴取　↓
	(2)　理由を付記した書面によりその者に通知し、処分後は遅滞なく公告	

☞空欄穴埋め問題80

1. 懲戒処分の種類

　　通関士に対する懲戒処分の種類は、次のとおりである。

(1)　戒告

(2)　(①) 以内の (②) への従業停止

(3)　(③) 間の (④) への従事禁止

2. 懲戒処分に付される場合

　　財務大臣は、通関士が (⑤)、又は (⑥) その他関税に関する法律の規定に (⑦) したときは、その通関士に対して懲戒処分をすることができる。

3. 懲戒処分を行う場合の手続

(1)　財務大臣は、懲戒処分をしようとするときは、(⑧) の意見を聴かなければならない。

(2)　財務大臣は、懲戒処分をするときは、その (⑨) を付記した書面により、その旨を当該処分を受ける者に (⑩) しなければならない。また、財務大臣は、懲戒処分をしたときは、(⑪) なくその旨を (⑫) しなければならない。

4. 調査の申出

　　何人も、(⑬) 又は通関士に (⑭) 又は (⑮) に該当する (⑯) があると認めたときは、財務大臣に対し、その事実を申し出て、(⑰) をとるべきことを求めることができる。

[空欄の答えは次ページにあります]

☞前ページ空欄の答え

①１年

②通関業務

③２年

④通関業務

⑤通関業法

⑥関税法

⑦違反

⑧当該通関士が通関業務に従事する通関業者

⑨理由

⑩通知

⑪遅滞

⑫公告

⑬通関業者

⑭監督処分

⑮懲戒処分

⑯事実

⑰適当な措置

《参照条文》

通関業法35条、36条、37条

通関士試験
語群選択式問題
［令和4年（第56回）］

〔第1問〕
　次の記述は、通関業の許可及び営業所の新設に関するものであるが、（　　　）に入れるべき最も適切な語句を下の選択肢から選び、その番号をマークしなさい。

1　法人が通関業の許可を受けようとする場合には、通関業の許可申請書に次の書面を添付しなければならない。
　（1）通関士となるべき者その他の通関業務の従業者及び（イ）の名簿並びにこれらの者の履歴書
　（2）通関業の許可を受けようとする法人が通関業以外の事業を営んでいる場合には、その事業の概要、規模及び最近における（ロ）を示す書面
　（3）年間において取り扱う見込みの（ハ）及びその算定の基礎を記載した書面
2　財務大臣が通関業務を行う営業所の新設の許可をする場合に、当該許可に付することができる条件は、（ニ）の限定及び（ホ）に限ることとされている。

① 売掛金及び買掛金の額
② 営業所に置くことができる通関士の員数の上限
③ 貨物の数量　　④ 許可の期限　　⑤ 許可の種類
⑥ 経営の状況　　⑦ 主たる営業所の責任者　　⑧ 損益の状況
⑨ 通関業務以外の業務に従事する従業者
⑩ 通関業務及び関連業務の量　　⑪ 通関業務の量
⑫ 通関業務を行うことができる地域　　⑬ 通関業務を担当する役員
⑭ 取り扱う貨物の種類　　⑮ 取り扱うことができる通関業務の量

[空欄の答えは次ページにあります]

☞ 正　解
　イ— ⑬通関業務を担当する役員
　ロ— ⑧損益の状況
　ハ— ⑪通関業務の量
　ニ— ⑭取り扱う貨物の種類
　ホ— ④許可の期限

(参照条文　通関業法 3 条、4 条、同法施行令 1 条、同法施行規則 1 条 4 号、5 号、6 号、同法基本通達)

〔第2問〕
　次の記述は、通関業法第10条に規定する通関業の許可の消滅に関するものであるが、（　　）に入れるべき最も適切な語句を下の選択肢から選び、その番号をマークしなさい。

1　通関業者が次のいずれかに該当するときは、当該通関業の許可は、消滅する。
　　（1）通関業を（ イ ）したとき。
　　（2）法人が（ ロ ）したとき。
　　（3）（ ハ ）を受けたとき。
2　法人である通関業者が合併により消滅し、当該法人に係る通関業の許可が消滅した場合において、（ ニ ）通関手続があるときは、当該手続については、（ ホ ）が引き続き、当該許可を受けているものとみなす。

① 解散	② 合併後存続する法人又は合併により設立された法人	
③ 合併前に通関業者であった法人を代表する役員であった者		
④ 休業	⑤ 休止	⑥ 経営破綻
⑦ 現に進行中の	⑧ 今後予定される	⑨ 既に完了した
⑩ その役員が関税法の規定に違反して通告処分		
⑪ 通関業者に対する監督処分	⑫ 廃止	⑬ 破産管財人
⑭ 破産手続開始の決定	⑮ 分割	

[空欄の答えは次ページにあります]

☞ 正　解
　イ―⑫廃止
　ロ―①解散
　ハ―⑭破産手続開始の決定
　ニ―⑦現に進行中の
　ホ―②合併後存続する法人又は合併により設立された法人

（参照条文　通関業法10条1項1号、3号、4号、3項）

〔第3問〕

次の記述は、通関業法第12条に規定する通関業者の変更等の届出に関するものであるが、（　　）に入れるべき最も適切な語句を下の選択肢から選び、その番号をマークしなさい。

通関業者は、次に掲げる事項に変更があったときは、遅滞なくその旨を（ イ ）に届け出なければならない。

(1) 氏名又は名称及び住所並びに法人にあってはその（ ロ ）
(2)（ ハ ）の名称及び所在地
(3) 上記（2）の営業所ごとの責任者の氏名及び当該営業所ごとに置く（ ニ ）
(4) 通関業以外の事業を営んでいるときは、その（ ホ ）

①	いずれかの税関長	②	財務大臣
③	事業に係る資産の状況	④	事業の種類
⑤	事業を行うための営業所の名称及び所在地	⑥	全ての営業所
⑦	全ての従業者の数	⑧	通関業務の従業者の数
⑨	通関業務を行う営業所	⑩	通関士の数
⑪	通関士の氏名及び住所	⑫	通関士を置く営業所
⑬	本社の所在地を管轄する税関長	⑭	役員の氏名及び住所
⑮	役員の氏名及び役職		

[空欄の答えは次ページにあります]

☞ 正　解
　イ— ②財務大臣
　ロ— ⑭役員の氏名及び住所
　ハ— ⑨通関業務を行う営業所
　ニ— ⑩通関士の数
　ホ— ④事業の種類

（参照条文　通関業法12条1号、4条1号、2号、3号、5号）

〔第 4 問〕

　次の記述は、通関業法第14条に規定する通関士の審査等に関するものであるが、（　　　）に入れるべき最も適切な語句を下の選択肢から選び、その番号をマークしなさい。

1　通関業者は、他人の依頼に応じて税関官署に提出する（　イ　）（通関士が通関業務に従事している営業所における通関業務に係るものに限る。）については、通関士にその内容を審査させ、かつ、これに（　ロ　）させなければならない。

2　通関業法第14条に規定する通関士の審査の義務は、（　ハ　）に（　ニ　）を置いた場合であっても負うものとされている。

3　通関業法第14条の規定による通関士の（　ロ　）の有無は、同条に規定する（　ホ　）に影響を及ぼすものと解してはならない。

---

① ２人以上の通関業務の従業者

② 関税法第７条の２第１項に規定する特例申告書及び当該特例申告書に係る輸入の申告書

③ 関税法第 20 条第 1 項の規定による外国貿易船の不開港への出入に係る許可申請書

④ 記名　　⑤ 記名及び押印　　⑥ 署名　　⑦ 専任の通関士

⑧ 専任の通関士が置かれていない営業所　　⑨ 通関士

⑩ 通関書類の効力　　⑪ 通関士を設置する必要のない営業所

⑫ 通関士を設置する必要のない地域に所在する営業所

⑬ 通関手続の適正かつ迅速な実施

⑭ 輸出の申告書及び関税法第 63 条第 1 項の規定による保税運送の申告書

⑮ 輸入する貨物に係る納付すべき関税の額

[空欄の答えは次ページにあります]

☞ 正　解

イ— ②関税法第7条の2第1項に規定する特例申告書及
　　び当該特例申告書に係る輸入の申告書

ロ— ④記名

ハ— ⑪通関士を設置する必要のない営業所

ニ— ⑨通関士

ホ— ⑩通関書類の効力

（参照条文　通関業法14条、21条、同法基本通達）

通関業法 5

〔第 5 問〕

次の記述は、通関業法第31条に規定する通関業者が通関士試験に合格した者を通関士としてその通関業務に従事させようとする場合における財務大臣の確認に関するものであるが、（　）に入れるべき最も適切な語句を下の選択肢から選び、その番号をマークしなさい。

1　通関業者は、通関士試験に合格した者を通関士としてその通関業務に従事させようとするときは、（ イ ）、（ ロ ）の名称その他政令で定める事項を財務大臣に届け出なければならない。

2　関税法第108条の4から第112条までの規定に該当する違反行為をした者であって、（ ハ ）から（ ニ ）を経過しないものは、通関士となることができない。

3　通関業法第34条第1項（通関業者に対する監督処分）の規定により通関業務の停止の処分を受けた者（（ ホ ）を含む。）であって、その停止の期間が経過しないものは、通関士となることができない。

① 2年	② 3年	③ 5年

④ 在宅勤務を行わせようとする場合における勤務場所
⑤ その者の氏名　⑥ その通関業務を行う営業所の責任者の氏名
⑦ 通関業務に従事させようとする営業所
⑧ 通関書類の審査を行わせようとする場所
⑨ 当該違反行為があった日
⑩ 当該違反行為に対する通告処分を受けた日
⑪ 当該違反行為に対する罰金の刑に処せられた日
⑫ 当該処分に係る通関業者の営業所の責任者であった者
⑬ 当該処分の基因となった違反行為をした者
⑭ 当該処分を受けた通関業者の役員であった者
⑮ 当該通関士試験の受験科目

[空欄の答えは次ページにあります]

☞ 正　解
　　イ―⑤その者の氏名
　　ロ―⑦通関業務に従事させようとする営業所
　　ハ―⑨当該違反行為があった日
　　ニ―①２年
　　ホ―⑬当該処分の基因となった違反行為をした者

（参照条文　通関業法31条１項、２項３号イ、６条４号イ）

〔第1問〕

次の記述は、関税の納税義務に関するものであるが、（　　　）に入れるべき最も適切な語句を下の選択肢から選び、その番号をマークしなさい。

1　指定保税地域にある外国貨物（輸出の許可を受けた貨物を除く。）があらかじめ（　イ　）ことなく滅却されたときは、（　ロ　）から直ちにその関税が徴収される。

2　関税定率法第15条第1項（特定用途免税）の規定により関税の免除を受けた貨物について、その免除に係る特定の用途以外の用途に供するため譲渡されたことにより、その免除を受けた関税を徴収する場合は、（　ハ　）がその関税を納付する義務がある。

3　日本郵便株式会社が、郵便物に係る関税を納付しようとする者の委託に基づき当該関税の額に相当する金銭の交付を受けた場合において、その交付を受けた日の翌日から起算して11取引日を経過した最初の取引日までにその関税を完納しないときは、税関長は、（　ニ　）により、その関税を（　ホ　）から徴収する。

①	国税徴収の例	②	国税の保証人に関する徴収の例
③	財務大臣の許可を受ける	④	税関長の承認を受ける
⑤	その保証人	⑥	追徴課税の例
⑦	当該外国貨物の仕出人の同意を得る		
⑧	当該外国貨物を管理する者	⑨	当該外国貨物を滅却した者
⑩	当該貨物を所有する者	⑪	当該関税を納付しようとする者
⑫	当該指定保税地域の指定を受けた施設の所有者		
⑬	当該譲渡をした者		
⑭	当該特定の用途以外の用途に供した者	⑮	日本郵便株式会社

[空欄の答えは次ページにあります]

☞ 正　解
　　イ─④税関長の承認を受ける
　　ロ─⑧当該外国貨物を管理する者
　　ハ─⑬当該譲渡をした者
　　ニ─②国税の保証人に関する徴収の例
　　ホ─⑮日本郵便株式会社

（参照条文　関税法36条、45条1項、同法施行令68条の2、関税定率法15条2項）

〔第2問〕
　次の記述は、関税の納期限に関するものであるが、（　　）に入れるべき最も適切な語句を下の選択肢から選び、その番号をマークしなさい。

1　輸入の許可後にした修正申告に係る関税は、（イ）までに納付しなければならない。
2　賦課課税方式が適用される郵便物に係る関税については、当該郵便物につき関税法第63条第1項又は第77条第6項の承認を受けた場合を除き、（ロ）に、当該関税を納付し、又は当該関税の納付を日本郵便株式会社若しくは納付受託者に委託しなければならない。

（次ページに続く）

（前ページから続く）

3　関税法第 9 条の 2 第 2 項（納期限の延長）の規定により、貨物を輸入しようとする者が、特定月において輸入しようとする貨物に課されるべき関税の納期限に関し、（ ハ ）までにその延長を受けたい旨の申請書を当該貨物に係る関税の納税申告をする税関長に提出し、かつ、当該貨物に係る関税額の合計額に相当する額の担保を当該税関長に提供したときは、当該税関長は、特定月においてその者が輸入する貨物に係る関税については、特定月における関税額の累計額が当該提供された担保の額を超えない範囲内において、その納期限を（ ニ ）以内に限り延長することができる。

4　財務大臣は、災害その他やむを得ない理由により、関税に関する法律に基づく納付等の行為に関する期限までに当該行為をすべき者であって当該期限までに当該行為のうち関税に関する法律等の規定により電子情報処理組織（NACCS）を使用して行う特定の行為をすることができないと認める者が多数に上ると認める場合には、（ ホ ）及び期日を指定して当該期限を延長するものとされている。

① 行為の種類　　② その納期限のうち最も早い日
③ それぞれ 3 月　④ 対象者の範囲　⑤ 地域
⑥ 当該修正申告をした日
⑦ 当該修正申告をした日の属する月の翌月末日
⑧ 当該修正申告をした日の翌日から起算して 1 月を経過する日
⑨ 当該郵便物に係る課税通知書の送達により税関長が決定する期限まで
⑩ 当該郵便物を受け取った日の翌日から起算して 1 月を経過する日まで
⑪ 当該郵便物を受け取る前　　⑫ 特定月の前月末日
⑬ 特定月の末日　⑭ 特定月の末日の翌日から 2 月
⑮ 特定月の末日の翌日から 3 月

［空欄の答えは次ページにあります］

☞正　解
　　イ―⑥当該修正申告をした日
　　ロ―⑪当該郵便物を受け取る前
　　ハ―⑫特定月の前月末日
　　ニ―⑮特定月の末日の翌日から3月
　　ホ―④対象者の範囲

（参照条文　関税法9条2項4号、77条3項、6項、9条の
2第2項、同法施行令1条の4第2項）

〔第3問〕
　次の記述は、輸入通関に関するものであるが、（　　）に入れるべき最も適切な語句を下の選択肢から選び、その番号をマークしなさい。

1　特例申告に係る貨物以外の貨物を輸入しようとする者は、当該貨物の品名並びに（　イ　）数量及び価格その他必要な事項を税関長に申告し、当該貨物につき必要な検査を経て、その許可を受けなければならない。
2　税関長は、輸入申告に係る外国貨物について、原産地について直接若しくは間接に偽った表示又は誤認を生じさせる表示がされている場合には、その表示がある旨を（　ロ　）に、直ちに通知し、期間を指定して、その者の（　ハ　）により、その表示を消させ、若しくは訂正させ、又は当該貨物を積み戻させなければならない。
3　貨物を外国貿易船に積み込んだ状態で輸入申告をすることにつき税関長の承認を受けようとする者は、その承認を受けようとする貨物について、外国貿易船の名称及び（　ニ　）並びに当該外国貿易船における貨物の（　ホ　）等の必要な事項を記載した申請書を当該輸入申告をする税関長に提出しなければならない。

①	確認	②	課税標準となるべき
③	関税を納付すべき	④	係留場所	⑤	性質及び形状
⑥	船籍	⑦	選択	⑧	通関業者
⑨	積付けの状況	⑩	当該貨物に係る所有権の放棄
⑪	当該貨物の所有者	⑫	登録記号	⑬	保管の状況
⑭	本邦に引き取る	⑮	輸入申告をした者

[空欄の答えは次ページにあります]

☞正　解
　　イ―②課税標準となるべき
　　ロ―⑮輸入申告をした者
　　ハ―⑦選択
　　ニ―④係留場所
　　ホ―⑨積付けの状況

（参照条文　関税法67条、71条2項、67条の2第2項、同法
施行令59条の5第2項2号）

〔第 4 問〕

　次の記述は、保税運送に関するものであるが、（　　　）
に入れるべき最も適切な語句を下の選択肢から選び、その
番号をマークしなさい。

1　外国貨物（郵便物等を除く。）は、税関長に申告し、
　その承認を受けて、（　イ　）、保税地域、税関官署及び
　関税法第30条第1項第2号の規定により税関長が指定
　した場所相互間に限り、外国貨物のまま運送すること
　ができる。この場合において、税関長は、運送の状況
　その他の事情を勘案して取締り上支障がないと認める
　ときは、（　ロ　）以内で税関長が指定する期間内に発
　送される外国貨物の運送について一括して承認するこ
　とができる。

2　税関長は、関税法第63条第1項の保税運送の承認を
　する場合においては、相当と認められる（　ハ　）を指
　定しなければならない。

3　郵便物の保税運送に際しては、運送目録を税関に提
　示し、その（　ニ　）を受けなければならない。

4　運航の自由を失った船舶に積まれていた外国貨物
　（郵便物等を除く。）を外国貨物のまま運送をしようと
　する者は、税関が設置されていない場所から運送をす
　ることについて緊急必要がある場合において、税関
　職員がいないときは、（　ホ　）にあらかじめその旨を届
　け出なければならない。

①	1月	②	6月	③	1年	④ 運送者
⑤	運送の期間	⑥	運送の方法	⑦	開港、税関空港	
⑧	外国貿易船、外国貿易機		⑨	確認	⑩	許可
⑪	警察官	⑫	市区町村長	⑬	税務署職員	⑭ 認可
⑮	領海、領空					

[空欄の答えは次ページにあります]

☞ 正　解
　イ— ⑦開港、税関空港
　ロ— ③1年
　ハ— ⑤運送の期間
　ニ— ⑨確認
　ホ— ⑪警察官

（参照条文　関税法63条1項、2項、63条の9第2項、64条
1項2号）

〔第5問〕

次の記述は、関税定率法第4条に規定する課税価格の決定の原則に関するものであるが、（　　）に入れるべき最も適切な語句を下の選択肢から選び、その番号をマークしなさい。

1　輸入貨物の生産及び輸入取引に関連して、買手により（　イ　）直接に提供された当該輸入貨物の生産のために使用された工具に要する費用は、課税価格に算入されない。

2　輸入貨物に係る輸入取引に関し買手により負担される（　ロ　）は、課税価格に算入されないこととされている。

3　買手による輸入貨物の（　ハ　）につき制限（買手による輸入貨物の販売が認められる地域についての制限等を除く。）があるときは、関税定率法第4条第1項の規定により課税価格を決定することができない。

4　輸入貨物の（　ニ　）が当該輸入貨物の売手と買手との間で取引される当該輸入貨物以外の貨物の取引数量に依存して決定されるべき旨の条件その他当該輸入貨物の課税価格の決定を困難とする条件が当該輸入貨物の輸入取引に付されているときは、関税定率法第4条第1項の規定により課税価格を決定することができない。

5　買手による輸入貨物の（　ハ　）による収益で間接に売手に帰属するものとされているものの額が（　ホ　）ときは、関税定率法第4条第1項の規定により課税価格を決定することができない。

①	明らかでない	②	明らかな	③	買付手数料
④	加工により付加された価額			⑤	現実支払価格
⑥	国内における販売に係る通常の利潤及び一般経費				
⑦	国内販売価格	⑧	仕入書価格を上回る	⑨	処分又は使用
⑩	仲介手数料	⑪	取引価格	⑫	値引きをして
⑬	販売手数料	⑭	無償で	⑮	有償で

[空欄の答えは次ページにあります]

☞ 正　解
　イ— ⑮有償で
　ロ— ③買付手数料
　ハ— ⑨処分又は使用
　ニ— ⑪取引価格
　ホ— ①明らかでない

（参照条文　関税定率法 4 条 1 項 2 号イ、3 号ロ、2 項 1 号、
2 号、3 号）

過去の通関士試験の
出題傾向

関税法										過去の通関士試験論文
出題事項	1	2	3	4	5	6	7	8	9	
定義・用語						◎				
関税の徴収及び還付										
輸出入申告の手続										
輸出入申告に際しての提出書類					◎					
輸出入申告の特例										
納期限・法定納期限										
輸出してはならない貨物										
輸入してはならない貨物										
関税法70条(輸出入の許可との関係)			○							
保税地域全般				○						
保税蔵置場							○			
保税運送										
適用法令の日										
関税の納税義務									◎	
関税の確定方式		◎								
特例申告										
認定製造者制度										
認定通関業者制度										
延滞税										
過少申告加算税・重加算税										
無申告加算税・重加算税										
修正申告	○									(
更正の請求	○									
輸入許可前貨物の引取り								◎		
納期限の延長										
不服申立て										
行政刑罰及び両罰規定										

～34 回)、空欄記述式 (35～39 回)、語群選択式 (40～56 回)

◎…その事項単独で出題　　○…他の事項との組合わせで出題

11	12	13	14	15	16	17	18	19	20	21	22	23	24	25	26	27	28	29	30
							○										○		
												◎							
							◎												◎
									◎									◎	
◎				◎						◎									
													○						
◎									◎				○						
					◎											◎			
														◎					
			◎											◎					

（次ページへ続く）

関税法

出題事項	31	32	33	34	35	36	37	38	39	40
定義・用語					○		○	○		
関税の徴収及び還付										
輸出入申告の手続					○	○	○	○		○
輸出入申告に際しての提出書類										
輸出入申告の特例										
納期限・法定納期限										
輸出してはならない貨物									◎	
輸入してはならない貨物									◎	◎
関税法70条(輸出入の許可との関係)						○		○		
保税地域全般										
保税蔵置場								○		
保税運送	◎									
適用法令の日										
関税の納税義務										
関税の確定方式				○	◎	○				
特例申告						◎				
認定製造者制度										
認定通関業者制度										
延滞税										
過少申告加算税・重加算税										○
無申告加算税・重加算税										
修正申告										
更正の請求							○		○	
輸入許可前貨物の引取り			◎			○				
納期限の延長										
不服申立て										
行政刑罰及び両罰規定										

41	42	43	44	45	46	47	48	49	50	51	52	53	54	55	56
			◎	◎						◎	◎	◎	◎	◎	
		◎					◎							◎	◎
○	◎						◎	○		◎	◎	◎	◎	◎	
						◎		○				◎	◎	○	○
	◎							◎	◎	◎	◎	◎	◎	◎	◎
											◎			◎	
○	◎										◎				◎
															○
○					○									◎	◎
○					○		○	○			◎			○	
											◎			◎	◎
		◎				◎				◎	◎	◎	◎	◎	
			◎					◎			○	◎	◎	◎	◎
			○			○			○			◎	◎	◎	◎
○									○					◎	◎
		◎													
		◎													
									◎			◎		◎	◎
◎				◎					◎	○		○			
			○	○						○		○			
				○		○	○			○	◎	○	○	○	◎
			◎				○			○	◎	○	○	◎	◎
												◎	◎	◎	◎
										◎	○	◎	○	◎	◎
										◎	○	◎	○	◎	◎

関税定率法・関税暫定措置法・外為法等　　過去の通関士試験論文

出題事項	1	2	3	4	5	6	7	8	9	1
課税価格の決定の原則	◎							◎		
課税価格の決定(その他)										
相殺関税										
不当廉売関税										
緊急関税										
加工または修繕のため輸出された貨物の減税					◎					
再輸入免税						◎				
再輸出免税							◎			
輸入時と同一状態で再輸出される場合の戻し税										
違約品等の再輸出または廃棄の場合の戻し税			◎							
変質・損傷等の場合の減税・戻し税		◎							◎	
その他の減免税制度(無条件免税・特定用途免税等)										
特恵関税制度(指定要件等)										
特恵関税制度(適用の停止)										
外為法・輸出貿易管理令										
外為法・輸入貿易管理令										
関税率表の解釈に関する通則										

(1～34 回)、空欄記述式 (35～39 回)、語群選択式 (40～56 回)

◎…その事項単独で出題　　○…他の事項との組合わせで出題

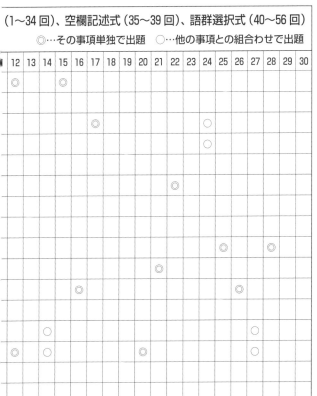

12	13	14	15	16	17	18	19	20	21	22	23	24	25	26	27	28	29	30
◎			◎															
					◎							○						
												○						
									◎									
													◎			◎		
								◎										
				◎										◎				
		○													○			
◎	○							◎							○			

（次ページへ続く）

関税定率法・関税暫定措置法・外為法等

出題事項	31	32	33	34	35	36	37	38	39	40
課税価格の決定の原則										
課税価格の決定(その他)										
相殺関税										
不当廉売関税						◎				
緊急関税							◎			
加工または修繕のため輸出された貨物の減税						◎		◎		
再輸入免税				◎						
再輸出免税					◎					
輸入時と同一状態で再輸出される場合の戻し税										
違約品等の再輸出または廃棄の場合の戻し税										
変質・損傷等の場合の減税・戻し税		◎								
その他の減免税制度(無条件免税・特定用途免税等)										
特恵関税制度(指定要件等)						◎		○	◎	
特恵関税制度(適用の停止)										
外為法・輸出貿易管理令						◎	◎	◎		
外為法・輸入貿易管理令									◎	
関税率表の解釈に関する通則										

41	42	43	44	45	46	47	48	49	50	51	52	53	54	55	56
◎											◎	◎	◎	◎	◎
			◎			◎	◎					◎	◎	◎	◎
													◎		◎
											◎			◎	
												◎			
											◎		◎	○	○
						◎								○	○
◎												○			◎
	◎				◎			◎			◎	○	◎	○	○
				◎							○	○		○	○
									◎	◎	○	○		○	○
○		◎			○						○	○		○	
○					○						○	○	◎		◎
											○	○	○	◎	◎
		◎									◎	○	○	◎	◎
					◎							◎	◎	◎	◎

通関業法 過去の通関士試験論文

出題事項	1	2	3	4	5	6	7	8	9	10
目的				○					○	
通関業務							◎			
通関業の許可			◎							
通関業の許可の承継										
欠格事由										
営業所の新設										
通関業の許可の消滅										
通関業の許可の取消し										
業務改善命令										
変更等の届出										
通関業の営業区域の制限		◎								
通関士の資格の得喪						◎				
通関士の設置					○				○	
通関士による通関書類の審査制度					◎		◎			
通関業者・通関士の業務上の義務	◎									
更正に関する意見の聴取・検査の通知										
財務大臣の権限の委任										
監督処分										
懲戒処分										◎
罰則										

◎…その事項単独で出題　○…他の事項との組合わせで出題

11	12	13	14	15	16	17	18	19	20	21	22	23	24	25	26	27	28	29	30
			○					○				○					○		
◎											◎							◎	
																◎			
		◎													◎				
	◎						○				○								
										○		○							
					◎														
		○	○							○			◎						○
				◎													○		
														◎					○

（次ページへ続く）

通関業法

出題事項	31	32	33	34	35	36	37	38	39	40
目的		○								
通関業務					◎				○	
通関業の許可						◎		○		○
通関業の許可の承継										
欠格事由										
営業所の新設										
通関業の許可の消滅							◎			
通関業の許可の取消し										
業務改善命令										
変更等の届出										
通関業の営業区域の制限									○	
通関士の資格の得喪				◎				○		○
通関士の設置			◎					○		○
通関士による通関書類の審査制度	◎									
通関業者・通関士の業務上の義務		○			◎	○		○		
更正に関する意見の聴収・検査の通知						○			○	
財務大臣の権限の委任										
監督処分								○		○
懲戒処分								○		○
罰則										

41	42	43	44	45	46	47	48	49	50	51	52	53	54	55	56
		◎						◎		◎		◎		○	◎
	○		◎		○			◎			◎	◎	◎	◎	◎
◎				◎		◎					◎	◎	○	◎	◎
									◎		◎	◎	◎	◎	◎
							◎				◎	◎	◎	◎	◎
		◎					◎					○	○	○	
○	○			○			○				○	◎	○	○	
○	○			○			○			○	○	◎	○		◎
										○	○	◎	○		
								◎						◎	◎
		◎				◎			◎						
		◎	◎	◎	◎	◎		◎			◎	◎	◎	◎	◎
						◎									
			◎		◎				◎	◎	◎	◎	◎	◎	◎
	◎	◎		◎	○	◎	◎	◎			◎	◎	◎	◎	◎
◎			◎								◎	◎	◎	○	◎
										◎					
			○				○		◎		○	◎	○	◎	◎
			○				○					○	◎	◎	◎
	◎				◎				◎	◎		◎	◎	◎	◎

著者紹介●

片山 立志 (かたやま たつし)

株式会社マウンハーフジャパン代表取締役社長、日本貿易実務検定協会®理事長、MHJ 国際法務事務所代表・特定行政書士として現在に至る。またその間、嘉悦大学経営経済学部非常勤講師、日経ビジネススクール講師などを務める。金融法学会会員。
主な著書に
『「通関士」合格の基礎知識』
『通関士試験合格ハンドブック』
『マンガでやさしくわかる貿易実務』
『よくわかる貿易実務入門』
(以上 日本能率協会マネジメントセンター) 他多数

2023～2024年版どこでもできる通関士
選択式徹底対策

2023年3月30日　初版第1刷発行

著　者—片山立志　　　　©2023 Tatsushi Katayama
発行者—張　士洛
発行所—日本能率協会マネジメントセンター
〒103-6009　東京都中央区日本橋2-7-1　東京日本橋タワー
TEL　03 (6362) 4339 (編集) / 03 (6362) 4558 (販売)
FAX　03 (3272) 8128 (編集) / 03 (3272) 8127 (販売)
https://www.jmam.co.jp/

編集協力——柴垣雅子
装丁———吉村朋子
本文DTP—株式会社森の印刷屋
印刷所———三松堂株式会社
製本所———三松堂株式会社

ISBN978-4-8005-9087-9　C3232
落丁・乱丁はおとりかえします。
PRINTED IN JAPAN